AF550685

MANIPULATIVE KOMMUNIKATION

Die Kunst der überzeugenden Sprache

Wie Sie machtvolle Rhetorik gekonnt einsetzen, enorme Selbstsicherheit ausstrahlen und Menschen spielend leicht für sich gewinnen

INHALT

Das erwartet Sie in diesem Buch

Einer der wesentlichen Unterschiede, der Menschen von dem Rest der Tierwelt abhebt, ist die Fähigkeit, miteinander zu sprechen. Diese höchst komplexe Form von Kommunikation ist nur der unseren Spezies eigen. Sie erlaubt es uns, Informationen und Wissen zu vermitteln, uns auszutauschen, Gefühle auszudrücken, und sie beeinflusst stets unser Handeln. Im Alltagsverständnis wird häufig nicht erkannt, dass es mehr als nur ein Mittel zum Zweck ist. Reden ist etwas Selbstverständliches für uns. Doch in Wahrheit ist es so viel mehr. Sprache ist eine Wissenschaft, die sogar auf das Niveau von Kunst gesteigert werden kann. In diesem Fall würde eher der Begriff "Rhetorik" verwendet werden. Genau darum soll es in diesem Buch gehen. Sobald wir beginnen, Kommunikation als Wissenschaft und Kunstform zu betrachten, öffnen sich viele neue Türen in den verschiedensten Bereichen des Lebens. Mit den richtigen Strategien können Gespräche gesteuert, Menschen beeinflusst und Ziele schneller erreicht werden.

Für gewöhnlich wird Rhetorik vor allem mit spannenden Reden vor einem großen Publikum in Zusammenhang gebracht. Entgegen den Erwartungen haben die begnadeten Redner, die mehrere Menschen förmlich in ihren Bann ziehen, kein angeborenes Talent. Der wortgewandte Intellekt und die charismatische Ausstrahlung, in denen so viel Überzeugungskraft liegt, sind durch simple Übungen auch für Sie erreichbar. Und das selbst, wenn Sie bisher eher zu dem schüchternen Typ Mensch gehörten, mit Lampenfieber zu kämpfen hatten oder einfach das Gefühl nicht loswerden, in Gesprächssituationen unterzugehen. Die Geheimwaffen der Menschen, die sowohl vortragend als auch in privaten und beruflichen Interaktionen immer gelassen bleiben und die richtigen Worte finden können, werden nun entlarvt. Ihre Meinungen und Ideen sind es wert, gehört und anerkannt zu werden. Wachsen Sie zu einem beliebten Gesprächspartner für die verschiedensten Charaktere heran und gehören Sie schon bald zu den Menschen, die keine Schwierigkeiten damit haben, auf andere zuzugehen. An die Stelle von Unsicherheit, peinlichem Rotwerden und stumpfem Small Talk treten kontrollierte Dialogführung und eine charismatische Ausstrahlung, die unwiderstehlich ist. Lassen Sie sich dazu befähigen, Ihrer Persönlichkeit auf Bühnen sowie in Gruppen-Settings und Einzelgesprächen einen völlig neuen Ausdruck zu verleihen!

Was verbirgt sich hinter Rhetorik?

Lange Zeit verstand man den "zur Kunst gesteigerten Umgang mit Worten" unter dem Begriff "Rhetorik", abgeleitet aus dem Altgriechischen "rhetorike". Die "Kunst der Beredsamkeit" ist eine noch treffendere Bezeichnung. Denn Rhetorik geht schon seit den frühsten Anfängen weit über den schriftlichen Aspekt hinaus. Erst die verbale Umsetzung lässt die Worte lebendig werden und ihre Wirkung entfalten. Rhetorik ist bis heute als Kunstform zu verstehen. Kreativität spielt sowohl bei der Verschriftlichung als auch bei der praktischen Anwendung rhetorischer Werke eine große Rolle.

Doch darüber hinaus ist sie im Laufe der Jahre zu einer Wissenschaft herangewachsen, die sich neben den überlieferten Lehrbüchern der Antike vor allem den aktuellen Erkenntnissen aus Disziplinen wie der Psychologie und der Sprachwissenschaften bedient. Die Ästhetik ist zunehmend in den Hintergrund geraten, während das Augenmerk verschärft auf die gezielte Beeinflussung von Menschen gelegt wurde. Nach diesem Wandel wird Rhetorik eher als Spielen mit Sprache interpretiert, um der eigenen Persönlichkeit und seinen Botschaften mehr Ausdruck zu verleihen. So sollen bestimmte Gefühle oder Handlungen bei anderen ausgelöst werden. Dies umfasst nicht ausschließlich die Ebene des Monologs eines Redners vor Publikum. Daneben ist rhetorisches Geschick auch in alltäglichen Dialogen von Vorteil und gilt nun auch als Mittel, um sein Selbstbewusstsein zu stärken, Gespräche in eine bevorzugte Richtung zu lenken, langfristig Wissen zu vermitteln, Konflikte zu lösen und so weiter. Dass wir durch die bewusste Verwendung von Sprache eine gewünschte Wirkung bei anderen erzielen können, haben die Menschen im antiken Griechenland entdeckt. Sie waren die Ersten, die rhetorische Strategien analysierten, Theorien entwickelten und festhielten.

Anwendung fanden diese vor allem innerhalb juristischer Konflikte in den Gerichten. Außerdem wurde parallel die Idee von Demokratien geboren. Durch solche Systeme war die Fähigkeit, öffentliche Diskussionen zu führen, von hoher Relevanz. Jedem männlichen Bürger in den griechischen Stadtstaaten stand ein Mitspracherecht in politischen und rechtlichen Entscheidungen zu. Darüber hinaus wurde bereits das große Potenzial von Rhetorik für die Anwendung im privaten Umfeld erkannt. Das systematische Erfragen persönlicher Probleme und Anliegen, bis der Gesprächspartner schließlich von selbst zu der Lösung finden würde, wurde als "Seelenlenkung" verstanden.

Korax, der ungefähr 460 vor Christus auf Sizilien lebte, gilt als Urvater der Rhetorik. In der damals griechischen Kolonie ließ er sich erstmalig für Lehrstunden bezahlen. Viele Schüler suchten Lehrer wie ihn auf, denn rhetorische Fähigkeiten wurden schon immer als etwas verstanden, das man sich unabhängig von Talent aneignen kann. Etwa 30 Jahre später wurden viele weitere solcher Schulen eröffnet. Unter anderem führten Isokrates und Platon Rhetorik-Schulen in Athen. Wortgewandtheit wurde schnell Bestandteil der Grundausbildung für die Philosophen. Ein Großteil der aufgestellten Lehren und Regeln sind zeitlos und werden noch immer zurate gezogen.

Auch im alten Rom standen begnadeten Rednern viele Vorteile innerhalb und außerhalb der Gerichtssäle zu. Cäsar schaffte es durch seine Rede zum Beispiel auf die Wahl des Volkstribuns im Senat einzuwirken. Allerdings verlor Rhetorik ihre Bedeutung mit Errichtung des Kaiserreichs wieder und konnte sich somit nicht langfristig als Mittel im politischen Kampf durchsetzen. Dennoch wurden Bücher wie "De Inventione" des römischen Redetalents Cicero Voraussetzung für ein Studium an europäischen Universitäten. Gleichzeitig wurden hier religiöse Predigten im Mittelalter auf rhetorischer Grundlage kunstvoller gestaltet. Die Begeisterung für Rhetorik blühte auf und noch bis ins 18. Jahrhundert war das Schulfach in Kombination mit Latein verpflichtend für jeden, der höhere Bildungsgrade anstrebte.

Erst in der Zeitepoche der Aufklärung gerieten talentierte Redekünstler aufgrund des zunehmenden Stellenwerts von absoluter Wahrheit in Verruf. Rhetoriker wurden von nun an als Betrüger von der Mehrheit angesehen. Während der Romantik spitzte sich dieser Verlauf zu, da der authentische Ausdruck von Gefühlen bedeutender wurde.

Dies ist mit dem damaligen Verständnis von Rhetorik nicht vereinbar gewesen. So sagte beispielsweise Goethe einst, dass eine Rede nicht dank festgelegter Normen gelingt, sondern aus der Tiefe des Herzens kommen müsse. Er beschimpfte Rhetorik als "Schule des Verstellens" und auch Immanuel Kant war der Ansicht, es handle sich um eine "hinterlistige Kunst". Folglich strichen Schulen und Universitäten das Fach von dem Lehrplan. Doch schon lange zuvor warnten überzeugte Rhetoriker der Antike vor genau diesen Gefahren. In Hinblick auf Gerichtsverhandlungen hielt Aristoteles ausgesprochen wenig von dem Auslösen von Emotionen im Publikum, die nichts mit dem sachlichen Tatbestand zu tun hatten. Darunter zählte er unter anderem das Vorführen der Familie des Angeklagten, um Mitleid zu erregen. Seiner Meinung nach dürften Gefühle ausschließlich in dem Sinne geweckt werden, dass bestehende Fakten besonders hervorgehoben werden.

Letztendlich seien es die Eigenschaften glaubwürdigen Wohlwollens und Tugendhaftigkeit, die einen Redner überzeugend machen. Ähnlicher Ansicht war auch Cicero, der Rhetorik ohne ein ausgeprägtes Bewusstsein für Moral als "Zeitbombe für die eigene Psyche sowie im Leben" bezeichnete. Dass er mit dieser Vermutung richtig lag, könnte kaum deutlicher gezeigt werden als anhand der Ereignisse im dritten Reich. Die tickende Bombe ging in Deutschland tatsächlich mit dem Beginn des Nationalsozialismus hoch und vernichtete das einst gute Ansehen von Redekünstlern endgültig. Führungsfiguren wie Adolf Hitler und Reichspropagandaminister Joseph Goebbels missbrauchten die Macht der Rhetorik für Propagandazwecke. Menschenmassen wurden landesweit manipuliert und in Angst und Schrecken versetzt, um verachtende

Ideologien durchzusetzen und die Judenverfolgung möglich zu machen. Es ist erschreckend, dass im Zuge dessen tatsächlich Tausende bereit dazu waren, dem "totalen Krieg" jubelnd zuzustimmen.

Wirklich erholt hat sich der Ruf von Rhetorik im Laufe der Jahre nicht mehr. Immer noch setzen die meisten Bürger unseres Landes sie mit mieser Manipulation gleich. Außerdem herrschen falsche Annahmen bezüglich der Kategorisierung in weiße und schwarze Rhetorik. Viele würden das Vorgehen der nationalsozialistischen Regierung wahrscheinlich der schwarzen Rhetorik zuordnen. Diese ist jedoch zuerst einmal nur dadurch gekennzeichnet, dass das Hauptmotiv versteckt ist. Typischerweise werden sogenannte Scheinargumente genutzt. Dazu zählt zum Beispiel das Heranziehen einer Meinung, die von Mehrheiten oder Autoritäten vertreten wird. Obwohl solche Anhaltspunkte im Grunde genommen gar nichts beweisen, funktionieren sie überraschend gut, teilweise sogar besser als rein sachliche Begründungen. Abgezielt wird auf eine kognitive Verzerrung. Im Gegensatz dazu wird im Rahmen der weißen Rhetorik eine möglichst transparente Kommunikation angestrebt, die sich auf starke Argumente fokussiert. Die Grenzen sind jedoch fließend und so wie weiße Rhetorik nicht immer ethisch korrekt sein muss, ist schwarze Rhetorik nicht automatisch mit bösen Absichten verbunden. Verschiedene Persönlichkeiten und Gegebenheiten erfordern die Kenntnis beider Kommunikationswege, um Botschaften erfolgreich zu transportieren.

Literaturhistoriker Walter Jens vermutete, dass der vorherige Rückgang rhetorischer Bildung die zugrunde liegende Ursache für die Anfälligkeit der Deutschen gegenüber Propaganda gewesen ist. Fehlendes Wissen habe zu einer Unfähigkeit die psychologischen Tricks zu erkennen geführt. Daher richtete er 1967 an der Eberhard-Karls-Universität in Tübingen einen Lehrstuhl für Rhetorik ein. Diese ist inzwischen zwar wieder Bestandteil der Studiengänge Germanistik, Linguistik und Literaturwissenschaften, als eigenständiges Fach wird sie jedoch bis heute ausschließlich in Tübingen angeboten. Mittlerweile ist Germanist Dietmar Till zuständig für die Leitung. In seinen Vorlesungen schafft er Transparenz für die Vorteile gegenüber Rhetorik und möchte diesen auf keinen Fall ausweichen. Von Propaganda könne unterschieden werden, da diese von Totalität und der Verbreitung einer dominanten Meinung mithilfe manipulierter Medien gekennzeichnet sei.

Einen Graubereich gebe es trotzdem, doch letztendlich könne unmoralische Rhetorik nicht ohne die Aneignung des Wissens aufgedeckt werden. Umso bedauerlicher ist es, dass Deutschland diesbezüglich noch aufholen muss. Im Gegensatz dazu ist es in anderen europäischen Ländern wie Frankreich und England weitverbreitet, sich im Rahmen von Debattierclubs und Diskussionszirkeln darin zu üben, Meinungen zu vertreten, logisch zu argumentieren und Überzeugungsarbeit zu leisten. Auch in den Vereinigten Staaten ist Rhetorik durchgehend beliebt, was wahrscheinlich damit zusammenhängt, dass schon so lange ein demokratisches System besteht. Ein bekanntes Beispiel für die politische Relevanz ist Martin Luther Kings Rede "I have a dream" mit der Forderung von Gleichberechtigung für Afroamerikaner, die in die Geschichte eingegangen ist.

Trotz allem ist die Kunst der Beredsamkeit noch immer ein wichtiger Bestandteil unserer Gesellschaft. Zwar haben Politiker im deutschsprachigen Raum nicht mehr wirklich ein Publikum – es gelangen meistens nur kurze Ausschnitte ihrer Reden in die Zeitung oder Tagesschau, wobei die Zeit des Wahlkampfs eine Ausnahme darstellt – doch Rhetorik geht mittlerweile weit über dieses Feld hinaus und betrifft nicht mehr ausschließlich professionelle Redner. So wie Walter Jens und Dietmar Till erkannt haben, dass es wichtig ist, die Strategien zu kennen, um das eigene Urteilsvermögen zu verbessern, erfinden viele weitere Forscher die Kunst neu und übertragen ihre Wirksamkeit auf verschiedene Kontexte. Rhetorik ist jedermanns ständiger Begleiter, oft sind wir uns darüber nur nicht bewusst. Bevor im Detail auf die zahlreichen Anwendungsbereiche im öffentlichen und im privaten Raum eingegangen wird, lassen Sie uns zuerst einmal einen Blick auf die grundlegenden Fähigkeiten werfen, die ein Rhetoriker beherrschen sollte.

Grundlegende Komponenten von Rhetorik

Wenn Sie bisher angenommen haben, dass bekannten Rednern die Begabung, Menschen zum Zuhören zu bringen, in die Wiege gelegt wurde, haben Sie sich geirrt. Zwar ist es für extrovertierte Persönlichkeiten oft einfacher, in Gesprächen aus sich herauszukommen oder sogar auf einer Bühne vor vielen Menschen vorzutragen. Sie haben dadurch jedoch lediglich einen kleinen Vorsprung. Diesen können auch Charaktere, die eher in sich gekehrt und zurückhaltend sind aufholen und das sogar, ohne sich großartig zu verstellen.

AUTHENTIZITÄT - DURCH CHARISMATISCHE AUSSTRAHLUNG ÜBERZEUGEN

Damit kommen wir zu der ersten fundamentalen Eigenschaft, auf die Sie Ihre rhetorischen Fähigkeiten aufbauen sollten: Authentizität. Es bedeutet so viel wie „sich selbst treu zu bleiben" und seine Ansichten unabhängig von der Meinung anderer zu vertreten. Wenn Sie eine Maske aufsetzen und vorgeben, etwas zu sein, das Sie schlichtweg nicht sind, werden Ihre Zuhörer und Gesprächspartner das auf bewusster oder unbewusster Ebene auf jeden Fall wahrnehmen. Das führt zu einem Misstrauen, unter dem Ihre Glaubwürdigkeit und Überzeugungskraft leiden. Wenn Sie Ihre Identität stattdessen transparent nach außen tragen, werden andere Menschen eher Sympathie, also eine Zuneigung auf geistiger Ebene, für Sie empfinden und Ihren Aussagen folglich mehr Aufmerksamkeit schenken. Außerdem schafft Ihre natürliche Selbstoffenbarung beim Gegenüber den Mut, sich Ihnen ebenfalls unverschleiert zu öffnen. Dieses Phänomen ist genau das, was wir unter Charisma verstehen. Es ist die besondere Ausstrahlungskraft eines Menschen, dem wir vertrauen, den wir für befähigt halten, uns Wissen zu vermitteln und der uns mit seinen Visionen inspiriert. Über die positive Wirkung auf andere hinaus ist es auch für Ihr eigenes Wohl von Vorteil, sich nicht zu verstellen. Andernfalls werden Sie sich früher oder später in Beziehungen wiederfinden, die Ihnen Energie rauben, und in Arbeitsverhältnissen stecken, die Sie unglücklich machen.

Generell gilt, dass Sie umso authentischer sein können, je mehr Sie über sich selbst wissen. Daher ist es notwendig, dass Sie sich mit Ihren eigenen Überzeugungen, Ihren Werten und Vorstellungen, Ihren Vorlieben und Abneigungen sowie mit Ihren Stärken und Schwächen auseinandersetzen. Zwar können die Eindrücke, die andere über Sie haben Ihnen dabei Anreize geben, oft müssen diese Fremdbilder im Selbstbild jedoch korrigiert werden. Dieser Prozess kann schmerzhaft sein und erfordert absolute Ehrlichkeit mit sich selbst. Nehmen Sie sich daher bewusst Zeit, sich äußeren Reizen zu entziehen, um sich mit Ihrer Innenwelt auseinanderzusetzen. Stellen Sie sich dafür in ruhiger Umgebung die folgenden Fragen, die Sie am besten schriftlich beantworten. Ein Tagebuch ist die beste Möglichkeit, sich selbst besser zu verstehen und bietet die Möglichkeit, auf die Erkenntnisse zurückzugreifen und sie regelmäßig erneut zu hinterfragen.

- Was macht Ihr Wesen aus?
- Was für ein Charakter sind Sie?
- Was können Sie besonders gut und was eher nicht? Lassen sich Ihre Schwächen vielleicht in Stärken umformulieren? Worin wollen Sie sich noch verbessern?
- Welche Erfolge und Meilensteine haben Sie bereits bewältigt?
- Wofür sind Sie dankbar?
- Was möchten Sie im Leben erreichen? Was sind Ihre Ziele und Wünsche?
- Was sind Ihre Bedürfnisse? Was ist Ihnen wichtig? Worauf könnten

Sie verzichten?

- Was fehlt Ihnen im Leben? Und was hält Sie davon ab, diese Dinge zu bekommen? In welchen Situationen stehen Sie sich selbst im Weg?
- Welchen Einfluss haben andere Menschen auf Ihr Leben? Wie können Sie das Leben anderer bereichern?
- Was macht Sie glücklich und was macht Sie unglücklich?
- Was sind Ihre Werte? Nach welchen Prinzipien möchten Sie handeln?
- Wann, wo und mit wem fühlen Sie sich wohl?

Nachdem Sie ein genaueres Bild von sich selbst gezeichnet haben, ist der nächste Schritt, im Alltag den neugewonnenen Erkenntnissen entsprechend zu handeln und zu kommunizieren. Leider ist es in vielen Fällen leichter gesagt als getan, Entscheidungen und Aussagen aus eigener Motivation heraus zu treffen und sich der Welt so zu zeigen, wie man wirklich ist. Das hängt vor allem mit der Angst zusammen, was andere Menschen folglich über einen denken könnten und dass man eventuell nicht für sein authentisches Selbst gemocht werden könnte. Die Selbstkenntnis allein reicht also nicht aus. Mindestens genauso wichtig ist ein starkes Selbstbewusstsein. Wenn Sie in Ihr individuelles Urteilsvermögen und Ihre Fähigkeiten vertrauen, wird es automatisch weniger wichtig, was andere von Ihnen halten könnten. Es jedem recht zu machen, ist sowieso unmöglich. Sie werden immer Menschen begegnen, die Ihre Ansichten nicht teilen. Also lohnt es sich alle Male anzufangen, an sich selbst zu glauben. Selbstbewusstsein bedeutet, ein Verständnis von sich selbst und seiner Lebenssituation zu haben, welches grundsätzlich optimistisch, gleichzeitig aber realitätsnah ausgelegt ist.

Zu einem großen Teil wird unser Selbstwertgefühl bereits in der Kindheit geprägt. Während Kinder mit einem positiven Selbstbild sich Erfolge zu schreiben und sich von Misserfolgen nicht unterkriegen lassen, erwarten Kinder mit einem negativen Selbstbild bereits zu scheitern und scheuen vor neuen Herausforderungen zurück. Dies wird sich ohne

Intervention durch den Rest des Lebens ziehen.
Den wohl größten Einfluss haben dabei die Eltern beziehungsweise die nahestehenden Bezugspersonen eines Kindes. Insbesondere in den ersten Lebensjahren entstehen aus den Aussagen, die ein Heranwachsender besonders häufig über sich selbst hört, mentale Glaubenssätze. Diese dominieren zukünftig die Gedankenwelt des Individuums. So könnte sich zum Beispiel der Glaubenssatz "Ich bin so ungeschickt." oder "Niemanden interessiert meine Meinung." als Überzeugung manifestieren. Solche inneren Modelle steuern den Fokus unserer Aufmerksamkeit und bestimmen, wie wir unsere Wahrnehmungen interpretieren. Häufig schränken Sie das Handeln und Selbstbewusstsein einer Person ein. Allerdings sind diese Glaubenssätze auch ein wertvolles Mittel, um das Vertrauen in die eigenen Fähigkeiten zu steigern. Dazu müssen sie erst erkannt, dann positiv umformuliert und schließlich immer wieder gedanklich zu sich selbst gesagt werden. Das vorherige Beispiel könnte hinterher dann "Meine Meinung ist es wert, gehört zu werden." lauten. Darüber hinaus bieten sich weitere Übungen an, um das Selbstbewusstsein zu stärken:

- Führen Sie hörbare Selbstgespräche, um schädliche Denkmuster an die Oberfläche zu bringen und durch rationales Gedankengut zu ersetzen. Vergleichen Sie die Art und Weise, wie Sie mit sich selbst sprechen, damit, wie Sie mit Freunden sprechen würden. Meistens sind wir zu uns selbst viel zu hart.

- Eine weitere Möglichkeit ist es, einen Liebesbrief an sich selbst in der Du-Form zu schreiben. Überlegen Sie sich, wofür Sie sich selbst lieben und worauf Sie sich mit sich selbst freuen. Das können Sie sich dann in Zukunft immer durchlesen, sobald Selbstzweifel aufkommen.

- Genauso können Sie sich mindestens ein Mal am Tag ein ernst gemeintes Kompliment vor dem Spiegel machen.

- Nehmen Sie Ihre Grenzen und Bedürfnisse ernst. Achten Sie darauf, auch entspannen zu können, sich ausgewogen zu ernähren und ausreichend zu bewegen. Das kann damit verbunden sein, "Nein" zu anderen sagen zu müssen, was jedoch völlig legitim ist.

- Umgeben Sie sich hauptsächlich mit Menschen, die Sie darin bestärken, für sich selbst einzustehen und lassen Sie Personen, die Sie ständig runterziehen und kritisieren, wissen, dass es Ihnen nicht gefällt.

- Es stärkt das Selbstbewusstsein außerdem ungemein, wenn wir etwas mit Bedeutung tun. Vielleicht gab es schon immer ein Ehrenamt, an dem Sie sich gern beteiligen würden oder Sie haben zu bestimmten Themen so viel zu sagen, dass Sie einen Blog starten möchten. Andernfalls ist es eine hervorragende Übung, auf der Straße nach Geld für einen guten Zweck zu fragen und anschließend einem Obdachlosen ein Mittagessen zu spendieren.

- Stellen Sie sich ruhig bewusst öfter in den Mittelpunkt. Scheuen Sie beispielsweise nicht davor zurück, im Kino während des Films darum zu bitten, herausgelassen oder an der Supermarkt-Kasse vorgelassen zu werden.

- Am besten machen Sie jeden Tag einen kleinen Schritt aus Ihrer Komfortzone heraus, um es sich selbst und nicht den anderen recht zu machen. Überwinden Sie Ihre Ängste und tun Sie genau die Dinge, die Ihnen schwerfallen. Sie können Ihre Erfolge in einem Tagebuch festhalten oder mit einer kleinen Belohnung feiern.

So werden Sie schon bald eine bessere Vorstellung davon haben, was Sie ausmacht und dies darüber hinaus auch nach außen tragen können. Um Letzteres zu erreichen, ist es deutlich leichter, wenn Gedanken und Gefühle durch passende Worte verbalisiert werden können.

VERBALE KOMMUNIKATIONSFÄHIGKEIT – DIE RICHTIGEN WORTE FINDEN

Wer rhetorische Kompetenz anstrebt, sollte sich Kommunikationsfähigkeit aneignen. Darunter versteht man jegliche Form sozialer Interaktionen, um Informationen auszutauschen. Sie regelt menschliches Zusammenleben und ist Voraussetzung für jede Art von Fortschritt. Ein wesentlicher Aspekt davon ist verbale Kommunikation. Sie beschreibt grundsätzlich den mündlichen oder schriftlichen Austausch zwischen Personen durch Sprache. Diese hat sich erst im Laufe der Menschheitsentwicklung gebildet. Während der frühesten Anfänge unserer Existenz wurde sich mithilfe von Lauten verständigt, die später zu Namen und Begriffen und schließlich zu zusammenhängenden Sätzen wurden. So ist es uns nun möglich, anderen unsere Wünsche und Gefühle mitzuteilen, komplexe Botschaften auszudrücken, Wissen weiterzugeben und so weiter.

Dies muss nicht zwingend im persönlichen Gespräch stattfinden. Es ist auch über das Radio oder den Fernseher möglich. Gerade im modernen Zeitalter der Technologie gewinnt verbale Kommunikation wieder an Bedeutung, da viel Austausch über Nachrichten, Anrufe und Sprachnotizen stattfindet. Generell sind diese Formen zwischenmenschlicher Interaktion anfälliger für Missverständnisse, da die nonverbalen Elemente der Kommunikation fehlen oder nur eingeschränkt verfügbar sind. Das macht es umso wichtiger, sich sprachlich richtig ausdrücken zu können. Grundvoraussetzung dafür ist ein umfangreicher Wortschatz. Das Vokabular der deutschen Sprache wird auf etwa 5,3 Millionen Wörter geschätzt. Diese als Normalsterblicher in ihrer Gesamtheit zu beherrschen, ist unmöglich. Man geht bei dem Durchschnittsbürger von einem aktiven Wortschatz mit circa 12.000 bis 16.000 Wörtern aus.

Das sind die Begriffe, die eine Person im Alltag aktiv benutzt. Der passive Wortschatz beinhaltet hingegen alle Wörter, die jemand erkennt, wenn er sie hört oder liest. Ihm wohnen in der Regel um die 50.000

Ausdrücke inne. Durch folgende Übungen können Sie Ihren Wortschatz aktiv erweitern:

- Lernen Sie jeden Tag zwei bis fünf neue Begriffe und verwenden Sie diese gezielt in Ihrer Alltagssprache. Dazu können Sie zum Beispiel unbekannte Wörter aus einem Duden oder Lexikon heraussuchen. Auch beim Fernsehen oder Lesen sollten Sie jedes Wort, dessen Bedeutung Sie nicht kennen, notieren, nachlesen und die Bedeutung mit eigenen Worten festhalten.
- Oder nehmen Sie sich einen spannenden Artikel aus Magazinen oder der Zeitung vor und versuchen, so viele Wörter wie möglich durch sinngemäße Alternativen zu ersetzen.
- Es kann auch helfen, die Kernaussagen in eigenen Worten wiederzugeben oder lange Sätze zu möglichst kurzen umzuformulieren und vice versa.
- Das Finden von Synonymen bietet sich auch in Bezug auf Ihren eigenen Wortschatz an. Filtern Sie heraus, welche Begriffe Sie besonders häufig verwenden und begeben Sie sich auf die Suche nach Ersatzwörtern. Dafür gibt es jede Menge Websites und Apps.
- Fordern Sie sich selbst heraus und schreiben Sie sich drei der Worte, die Sie bisher selten benutzt haben oder gar nicht kannten, am Morgen auf und nehmen Sie sich vor, jedes mindestens einmal zu gebrauchen.
- Statt sich nur auf Synonyme zu beschränken, kann es auch hilfreich sein, Gegensätze für verschiedene Ausdrücke zu finden.
- Eine spaßige Variante zur Erweiterung des persönlichen Vokabulars in Gemeinschaft stellt das Spiel "Scrabble" dar.
- Achten Sie von nun an darauf, weniger Hilfsverben wie "machen", haben", "sein" und "werden" zu benutzen. Überlegen Sie sich

stattdessen präzisere Worte, um Handlungen zu beschreiben. “Einen Termin zu vereinbaren” wäre ein gutes Beispiel dafür.

- Generell ist es ratsam, viel zu lesen und selbst zu schreiben, um sich im Umgang mit Worten zu üben.

Dank einer größeren Auswahl an Ausdrucksmöglichkeiten wirken Sie zum einen automatisch gebildeter und können Ihre Ideen besser in Worte fassen. Achten Sie jedoch darauf, Ihre Wortwahl dem Wissensstand Ihrer Zuhörer anzupassen. Zum anderen können Sie Dialoge und Vorträge spannender gestalten, da es bei mehr Abwechslung nicht zu einer Abnahme der Reizwirkung im Gehirn des Empfängers kommt. Außerdem befähigt ein reicher Wortschatz Sie zum Schaffen einer gewünschten Atmosphäre. Gesagtes kann so ausgeschmückt werden, dass Ihre Worte lebendig werden.
Manche Begriffe sind nämlich mit bestimmten Assoziationen verbunden. So vermittelt das Wort “Wucht” beispielsweise das Gefühl von Hilflosigkeit und Schock, während das Wort “Lösung” Motivation und Zuversicht hervorruft. Noch eindrucksvoller können Sie Ihre Sprache mithilfe von rhetorischen Stilmitteln gestalten. Dabei handelt es sich um sprachliche Schemata, die Inhalte anschaulicher darstellen, sodass sich mehr Spannung aufbaut, Ihre Worte eher erlebt als nur gehört werden und Gesagtes in Zukunft besser in Erinnerung behalten wird. Versuchen Sie jedoch nicht, zwanghaft Stilmittel in jeden Ihrer Sätze zu integrieren. Besser geeignet ist die natürliche Anwendung. Diese können Sie sich antrainieren, indem Sie sich regelmäßig Beispiele für die folgenden rhetorischen Figuren überlegen und in Zukunft Ausschau nach Ihnen in den Reden und Schriften anderer Personen halten. Dann kommt es automatisch zu einer unbewussten Integration in Ihren Sprachgebrauch.

- Besonders gut lassen sich Inhalte einprägen, die in Form von Alliterationen vermittelt werden. Deswegen benutzen auch viele

Werbekampagnen dieses Stilmittel. Es beschreibt die Aneinanderreihung von Worten mit dem gleichen Anfangsbuchstaben, zum Beispiel "Milch macht müde Männer munter."

- Einen ähnlichen Effekt hat das Wiederholen bestimmter Parolen. Je öfter Sie gehört werden, desto eher brennen sie sich ins Gedächtnis ein. Dies machen sich Redner häufig mit Anaphern zunutze. Sie leiten aufeinanderfolgende Sätze immer wieder mit denselben Worten oder Satzteilen ein und betonen diese mit überzeugter Bestimmtheit. Es könnte beispielsweise lauten "Wie ermüdend, nicht gehört zu werden. Wie ermüdend, nicht ernst genommen zu werden. Wie ermüdend, sich zu Einsamkeit verdammt zu fühlen."

- Auch Paronomasien lassen sich gut merken und erzeugen einen gleichförmigen Sprachfluss. Ein gutes Beispiel wäre "Eile mit Weile."

- Um positive Eigenschaften oder Zusammenhänge besonders hervorzuheben, bietet es sich an, Klimaxen zu verwenden. Das sind kunstvolle Steigerungen von schwächeren zu stärkeren Ausdrücken wie "Ich kam, sah, siegte!".

- Das funktioniert auch genau andersherum. Durch Antiklimaxe lassen sich Aussagen auf einfache Weise dramatisieren. Eine beispielhafte Aussage wäre "Erst gehört uns die Welt nicht mehr, dann das Land und dann die Stadt."

- Unter einem Asyndeton versteht man das Aufzählen mehrerer Begriffe ohne Bindewörter. Dies kann sehr gut in eine Fragestellung wie "Was gibt es Wunderbareres, Vielfältigeres, Spannenderes als ...?" eingebaut werden und wirkt durch den Schlagwortcharakter besonders überzeugend und mitreißend.

- Eine Antithese beschreibt die Verbindung aus entgegengesetzten Worten. Ein Beispiel wäre die Aussage, dass "im größten Glückszustand die kleinste Freiheit herrscht". Durch den Kontrast können sowohl

Vielfältigkeit als auch Zwiespalt eines Themas zum Ausdruck gebracht werden.

• Sehr ähnlich ist das sogenannte Oxymoron. Es ist die scharfsinnige Kombination von Begriffen, die sich sinngemäß eigentlich widersprechen. Neugeformte Ausdrücke wie "Hassliebe", "bittersüß", "teuflisch gut" oder "liebevolle Kampfansage" wirken Stolperstein-artig und veranlassen zu detailliertem Überdenken der Aussage.

• Genauso verhält es sich bei Paradoxen wie "weniger ist mehr" oder "Ich weiß, dass ich nichts weiß". Scheinbare Widersprüche entpuppen sich nach genauerer Analyse als sinnvolle Verblüffung.

• Nicht zu verwechseln mit Oxymora sind Synästhesien. Dabei werden unterschiedliche Sinneseindrücke wie "warmes Gelb" in Zusammenhang gebracht.

• Beim Chiasmus wird sprachliche Abwechslung durch die kreuzweise Anordnung von Satzgliedern kreiert. Ein Beispiel ist "Ich liebe das Leben, das Leben liebe ich".

• Manchmal bieten sich Ellipsen, also das Weglassen von Worten an, um Sätze straffer und präziser rüberzubringen. Aus "Was machen wir nun?" würde dann "Was nun"? werden.

• Um Wortwiederholungen zu vermeiden, ist es ratsam, Metonymien in Ihre Sprache einzubauen. Statt einen "Fußball zu schießen" können Sie davon sprechen "das Leder ins Tor zu jagen".

• Dafür können ebenfalls Allegorien, das heißt bildliche Gleichnisse eines Vorgangs, verwendet werden. So ist ein Sensenmann zum Beispiel eine bekannte Verdeutlichung für den Tod.

• Euphemismus bedeutet so viel wie etwas zu beschönigen. Das kann vor allem bei harten Fakten und sensiblen Themen Milderung bezwecken. "In etwas zu investieren" hört sich sofort einladender an als "etwas zu bezahlen".

- In Hinblick darauf können Sie auch Litotes einsetzen. Das sind vorsichtige Bejahungen durch Verneinungen des Gegenteils wie "nicht gerade hässlich".

- Außerdem sorgen Ironie und Sarkasmus, also versteckter Spott, für humorvolle Abwechslung und Auflockerung der Stimmung bei ernsten Gesprächsthemen. Sie müssen sich jedoch sicher sein, dass Ihre Zuhörer das nötige Vorwissen haben, um die Provokation als Witz zu verstehen.
- Onomatopöie bringt Lebendigkeit oder Spannung in Sachinhalte. Es handelt sich um die Nachahmung von Lauten wie "Klirr" oder "Plopp".

- Das Aufwerfen von rhetorischen Fragen regt Ihre Zuhörer automatisch zum Mitdenken an, obwohl es sich um eine unechte Frage handelt, auf die keine Antwort erwartet wird. Solche Scheinfragen provozieren und veranlassen Ihr Gegenüber, einen Standpunkt festzulegen. Sie könnten zum Beispiel "Wollen Sie als Pflegefall enden?" lauten.

- Mithilfe von Personifikationen können einprägsame Bilder im geistigen Auge Ihrer Gesprächspartner gemalt werden, die sie emotional bewegen. Übertragen Sie dafür menschliche Fähigkeiten oder Eigenschaften auf Gegenstände. Lassen Sie die Sonne zum Beispiel "lachen", "die Zeit rennen" und "die Morgendämmerung ins Zimmer schleichen".

- Dafür können Sie sich auch der Wirkungskraft von Hyperbeln, sprich Übertreibungen, bedienen. Sachverhalte werden durch Ausdrücke wie "todmüde sein" oder "einen Bärenhunger haben" besonders betont.

- Vergleiche wie "Er ist stark wie ein Löwe" bieten sich ebenfalls für anschaulichere Sprache an.

Ein weiteres Stilmittel, dem ein besonders hoher Stellenwert zugeschrieben wird, sind Metaphern. Dabei wird der ursprüngliche Bedeutungszusammenhang auf einen anderen Kontext übertragen, sodass komplexe Sachinhalte bildlich dargestellt werden können. Aussagen wie "aus allen Wolken zu fallen", "etwas mit Füßen zu treten" oder “jemanden das Wasser zu reichen” sind nicht wortwörtlich zu verstehen. Viel eher regen Sie die Fantasie Ihrer Zuhörer an und es entsteht ein intuitiv greifbares Bild, das einleuchtend ist, Emotionen auslöst und in Erinnerung bleibt. Eine Menge Metaphern sind bereits Teil des alltäglichen Sprachgebrauchs, ohne dass es uns auffällt. So “lassen wir Gras über die Sache wachsen”, “kehren etwas unter den Teppich” oder “bringen das Fass zum Überlaufen”. Die “Flüchtlingswelle” ist zum Beispiel auch ein metaphorischer Begriff, der unterbewusst mit starker Naturgewalt assoziiert wird.

Das Prinzip lässt sich sogar steigern. Unter Metapher versteht man teilweise auch ganze Geschichten. Sie dienen als Mittel zur Lehre von Lebensweisheiten oder Lösungsansätzen in problematischen Situationen. Sie wurden schon von Schamanen, Philosophen und Propheten benutzt, um Ihre Schüler auf den richtigen Weg zu leiten. Probleme werden in anderen Zusammenhängen dargestellt und können mit Distanz betrachtet werden. Wenn aus einer anderen Perspektive über etwas nachgedacht wird, kommt es oft zu Einsichten, die Gedankenverstrickungen oder eine zu hohe emotionale Beteiligung zuvor blockierten. Diese Superkraft können auch Sie erlernen und das nächste Mal anwenden, wenn jemand Ihren Rat sucht oder Sie Personen Ihren Standpunkt nahebringen wollen, ohne aufdrängend zu wirken.

- Identifizieren Sie zur Übung zuerst ein mögliches zugrunde liegendes Problem, die beteiligten Personen und deren Rollen. Fragen Sie sich, wer die Hauptperson ist und wie die Nebendarsteller agieren.
- Als Nächstes stellt sich die Frage nach dem Ziel und welche Konsequenzen daraus resultieren würden. Gestalten Sie außerdem grob den Weg, um vom Problem zur Lösung zu kommen. Dabei sollten Sie die verfügbaren Ressourcen einfließen lassen, um die Befähigung des Betroffenen später metaphorisch darzustellen.

- Finden Sie anschließend eine passende Inhaltsebene, mit der sich die Struktur des inneren Konflikts gut widerspiegeln lässt. Dabei dürfen Sie sich kreativ austoben und Inspiration in Märchen, Tierfabeln, religiösen Texten, historischen Figuren und so weiter suchen. In Ihren Erzählungen dürfen sowohl Prinzessinnen und Prinzen, Dämonen, Zauberer und Hexen als auch sprechende Pflanzen oder Steine und alle weiteren erdenklichen Wesen Ihrer Fantasie vorkommen.

- Es hilft, sich zunächst einmal jeweils fünf bis zehn Metaphern für den Ausgangs- und den Zielzustand zu überlegen. Fragen Sie sich zum Beispiel, welche Farbe, welcher Held, welches Wetter, welcher Geschmack oder welches Tier das Problem oder Gefühl, das ausgedrückt werden soll, wäre. Dann kann aus diesen Begriffen eine sinnvolle Geschichte zusammengetragen werden.

- Die Überleitung von Problem zu Lösung könnte zum Beispiel in Form eines fliegenden Teppichs, dem Erwachen aus einem Traum oder einer Reise mit dem Flugzeug stattfinden.

- Auch symbolische Beschreibungen, die eine tiefere Bedeutung haben, dürfen gern verwendet werden. So steht ein Abgrund beispielsweise für Angst vor dem Absturz, ein Hafen für Ankunft, Heimat und Sicherheit oder ein Puzzle für noch fehlende Klarheit. Nebel kann mit langsamem Vorankommen und ein Jongleur mit der Begabung, mehrere Dinge gleichzeitig zu tun, assoziiert werden.

- Schreiben Sie dann die Metapher und prüfen Sie im Nachhinein, ob es Stellen gibt, die ungewollt die Persönlichkeitsstruktur des Betroffenen verletzen könnten. Nehmen Sie gegebenenfalls Korrekturen und Verfeinerungen vor, bis das Gesamtwerk in sich stimmig ist.

Wenn Sie sich darin trainieren, derartige Geschichten zu erfinden, wird es Ihnen in Zukunft auch aus dem Stegreif leichter fallen, Ihre Ratschläge metaphorisch zu vermitteln. Achten Sie beim Vortragen darauf, dies einfühlsam zu tun, Ihre Absicht zu verstecken und gehen Sie auf mögliches

Feedback Ihres Gegenübers ein.

Dank einem umfangreichen Wortschatz und rhetorischer Stilmittel werden Sie sich bereits um einiges verständlicher und überzeugender ausdrücken können. Trotzdem kann es noch zu vielen Missverständnissen kommen. Die verbale Kommunikationsebene entscheidet nämlich nur zu einem überraschend kleinen Anteil darüber, wie eine Botschaft beim Empfänger ankommt. Meistens ist die Art und Weise, wie etwas gesagt wird, viel wichtiger als der eigentliche Inhalt.

NONVERBALE KOMMUNIKATIONSFÄHIGKEIT – HÖREN, WAS NICHT GESAGT WIRD

Damit kommen wir zu den nonverbalen Aspekten von Kommunikation. Gegenüber diesen macht die verbale Komponente nur läppische 10 % aus. Das leuchtet ein, wenn man sich vor Augen führt, dass eine Person bereits über ihre Körperhaltung Signale an die Außenwelt sendet, wenn sie nur dasteht und überhaupt nicht darüber nachdenkt, dass sie kommuniziert. Dieses Phänomen hat Kommunikationswissenschaftler und Psychotherapeut Paul Watzlawick bereits 1969 mit der berühmten These "Man kann nicht nicht kommunizieren" beschrieben. Nonverbale Kommunikation schließt Sprache aus und wird meistens nur unterbewusst wahrgenommen. Man bezeichnet sie auch als Körpersprache, welche sich aus den Komponenten Körperhaltung, Gestik und Mimik zusammensetzt. Während wir uns für gewöhnlich eher auf das, was gesagt wird, konzentrieren, verraten uns diese Elemente meist viel mehr. Wenn wir bei anderen bewusst auf nonverbale Kommunikationszeichen achten, können wir versteckte Botschaften erkennen und interpretieren. Andersherum ist es möglich, seine eigene Körpersprache gezielter einzusetzen, um besser auf Gesprächspartner einzuwirken.

Eine große Rolle spielt dabei Ihre Körperhaltung. Das komplexe Zusammenspiel der verschiedenen Körperstrukturen zeichnet ein optisches Gesamtbild, das Rückschlüsse auf Ihr Selbstbewusstsein, Ihre innere Haltung jemand anderem gegenüber und sogar auf Ihre gesundheitliche sowie emotionale Verfassung erlaubt. Eine krumme Körperhaltung wirkt ängstlich, unsicher und sogar schwach. Wirklich ernst genommen werden Sie von niemanden, wenn Sie wortwörtlich in sich zusammenfallen. Abgesehen davon werden Desinteresse und geistige Abwesenheit vermittelt. Im Gegensatz dazu strahlen Sie in aufrechter Position Seriosität und Präsenz aus. Ihre Glaubwürdigkeit und Anziehungskraft steigen dadurch ungemein. Außerdem offenbart die Haltung die Gefühlslage eines Menschen.

Wer traurig und erschöpft ist, neigt eher zu einer krummen Ausrichtung. Es funktioniert aber auch andersherum. Wenn Sie eine optimale Haltung einnehmen, wirkt sich das positiv auf Ihren Gemütszustand aus. Das haben die amerikanischen Psychologen John Riskind und Carolyn Gotay in einer Studie nachweisen können. Die Versuchsteilnehmer, die vor einem beinahe unlösbaren Test acht Minuten lang in einer aufrechten Position saßen, versuchten mit deutlich mehr Eifer und Motivation, die Lösungen zu finden. Im Gegensatz dazu kam es bei der Kontrollgruppe, die im Voraus eine krumme Körperhaltung eingenommen hatte, sehr schnell zu Frustration, sodass der Test aufgegeben wurde. Nebenbei bemerkt ist es auch aus medizinischer Sicht ratsam, den Rücken möglichst durchgehend gerade zu halten.

Auf Dauer leiden unter anderem die Wirbelsäule, Nacken- und Schultermuskeln sowie die Hüften unter einer falschen Ausrichtung. Schließlich kommt es zu einer Schonhaltung, die für noch mehr Verspannungen sorgt und Schmerz- und Entzündungsentstehung begünstigt. Erfreulicherweise ist es möglich, sich eine ungesunde Haltung abzugewöhnen und ihr vorzubeugen.

- Rückenschmerzen sind weitverbreitet in unserer Bevölkerung. Das hängt vor allem mit der Zunahme sitzender Tätigkeiten zusammen. Dagegen hilft mehr Bewegung am effektivsten. Ausdauersportarten wie Jogging, Nordic Walking, Schwimmeinheiten oder Radfahren eignen sich ausgezeichnet. Sie sind gelenkschonend und trainieren verschiedene Muskelgruppen, die eine gesunde Haltung fördern. In erster Linie sollten Sie jedoch etwas finden, dass Ihnen Spaß macht, damit Sie die Motivation nicht verlieren. Tanzen, Yoga oder Teamsport funktionieren mindestens genauso gut.

• Ein weiterer, nennenswerter Risikofaktor für Rückenschmerzen und daraus resultierenden Schonhaltungen ist Übergewicht. Der Bewegungsapparat ist nicht für die chronische Belastung geschaffen.

• Darüber hinaus ist ein passendes Schuhwerk mit angenehmem Fußbett Grundvoraussetzung. Andernfalls besteht die Gefahr von Fehlstellungen, die sich letztlich auf den gesamten Körper übertragen.

• Viele Ärzte raten zu einem Barfuß-Tag in der Woche. Dadurch werden abnormale Belastungen in den Muskeln ausgeglichen. Außerdem sensibilisiert der natürliche Gang Ihre Körperwahrnehmung, sodass Sie Unstimmigkeiten in der Haltung eher bemerken.

• Es bietet sich zudem an, eine aufrechte Haltung gezielt zu üben. Für Stabilität drücken Sie Ihre Füße zunächst schulterbreit in den Boden. Spannen Sie dann Ihre Gesäß- und Bauchmuskulatur leicht an, sodass sich das Becken leicht nach vorne beugt. Ihre Brust ist angehoben. Den Kopf bringen Sie in eine neutrale Position. Dafür können Sie sich vorstellen, dass Sie der Wirbelsäule entlang von einem Strang an dem Haupt Ihres Schädels in die Länge gezogen werden. Ihre Schultern sollten locker hängen und leicht nach hinten gezogen werden. Stellen Sie sich dafür vor, dass Sie sie in die hinteren Hosentaschen stecken wollen. Was sich erst noch ungewohnt anfühlt, sollte durch regelmäßiges Training schon bald die neue Normalität sein.

• Alternativ stellen Sie sich kerzengerade an eine Wand, von der Sie sich dann mehrmals entfernen, möglichst ohne eine Veränderung in Ihrer Haltung. Videoaufnahmen dienen optional zur Überprüfung. Mit der Zeit werden Sie ein ausgeprägtes Gefühl für die optimale Haltung bekommen. Dann ist es wichtig, dass Sie sich konsequent selbst korrigieren, wenn Sie sich im Alltag beim Zusammensacken ertappen.

• Um sich immer wieder an eine gerade Haltung zu erinnern, können Sie kleine Notizzettel in der Wohnung oder auf der Arbeit verteilen, einen täglichen Alarm auf dem Handy einstellen oder sogar Ihren Displayhintergrund mit der Notiz versehen. Schließlich schauen Sie unzählige Male darauf, sodass Sie jedes Mal beim Lesen eine neutrale Wirbelsäule wiederherstellen können. Ähnlich funktioniert es mithilfe eines Armbands am Handgelenk oder der Verknüpfung bestimmter Tätigkeiten mit der neuen Gewohnheit. So könnten Sie sich zum Beispiel vornehmen, jedes Mal, wenn Sie aufstehen, telefonieren oder etwas trinken, Ihre Haltung zu korrigieren.

• Zusätzlich ist es von Vorteil, Dehnungsübungen in den Alltag zu integrieren, die Verspannungen im Oberkörper lösen. Sie können jedoch ebenfalls unmittelbar vor großen Reden oder wichtigen Gesprächen durchgeführt werden, um beste Voraussetzungen für eine selbstbewusste Haltung zu schaffen. Da insbesondere Menschen, die viel an Schreibtischen arbeiten davon betroffen sind, spricht man auch von Bürogymnastik. Häufig kommt es durch ständiges Sitzen zu einer verkürzten Brustmuskulatur. Für eine Dehnung in diesem Bereich setzen Sie sich mit geradem Rücken auf einen Stuhl. Der Bauchnabel wird für mehr Stabilität Richtung Wirbelsäule gezogen. Strecken Sie dann Ihre Arme auf Schulterhöhe zur Seite, wobei die Handflächen nach vorne zeigen. Beim Einatmen führen Sie Ihre Arme nach hinten, ohne die Schultern anzuheben. Verharren Sie etwa fünf Sekunden in dieser Position, bevor Sie mit der Ausatmung zurück in die Ausgangsposition übergehen. Den perfekten Ausgleich zu dieser Übung können Sie direkt im Anschluss schaffen. Dafür würden Sie die Arme nun auf deren eigene Höhe nach vorne ausstrecken und die Hände leicht aufeinanderlegen. Dabei fällt das Kinn entspannt auf die Brust, sodass eine Rundung in der Wirbelsäule entsteht. Nach drei Atemzügen hier kehren Sie wieder zurück in die

Ausgangsposition und wiederholen Sie beide Vorgänge beliebig oft.

- Eine weitere Übung ist das Sitzen auf einem Stuhl, der es Ihnen erlaubt, Ihren Rücken anzulehnen. Von hier aus geben Sie sich selbst einen leichten Händedruck und strecken die Arme nach vorne aus. Während des Einatmens heben Sie diese senkrecht nach oben und beugen sich so weit wie möglich nach hinten. Atmen Sie dreimal tief ein und aus, um dann mit der Ausatmung zur Startpose zurückzukehren. Wiederholen Sie dies ein paar Mal, um den vorderen Schulterbereich sowie die Atemmuskulatur zu dehnen. Zudem wird die Wirbelsäule aktiv in die Länge gezogen.

- Um Letzteres zu intensivieren, beugen Sie sich anschließend aus dem Sitz heraus nach vorne, bis Ihr Oberkörper auf den Oberschenkeln aufliegt. Der Rücken ist rund und Kopf und Nacken hängen entspannt, während Sie sich mit sanftem Zug an den Fußknöcheln weiter Richtung Boden ziehen. Bleiben Sie für 20 Sekunden möglichst locker genauso und nehmen Sie tiefe Atemzüge. Danach können Sie sich mit den Händen auf den Oberschenkeln abstützen und sich wieder aufrichten. Gehen Sie dabei möglichst langsam und kontrolliert vor. Malen Sie sich aus, wie Sie Wirbel für Wirbel nach oben rollen, bevor sich Ihr Kopf als letztes hebt.

- Eine verspannte Nackenmuskulatur begünstigt neben einem krummen Rücken auch Kopfschmerzen und Konzentrationsschwierigkeiten. Um sich in dieser Region Erleichterung zu schaffen, neigen Sie den Kopf vorsichtig zur linken Seite. Orientieren Sie sich an einer imaginären Linie vom Ohr zur Schulter und heben Sie das Kinn an. Um die Dehnung zu intensivieren, fassen Sie mit dem linken Arm über den Kopf und üben Sie leichten Zug aus. Den rechten Arm können Sie Richtung Boden hängen lassen und für zehn Sekunden warten. Natürlich sollten Sie die Übung danach genauso auf der anderen Seite durchführen.

- Für entspanntere Schultern gibt es einen letzten Praxis-Tipp, der sowohl sitzend als auch stehend ausgeführt werden kann. Die Fingerspitzen werden hierfür auf den Schultern abgelegt. In dieser Position ziehen

Sie abwechselnd nach vorn und nach hinten großzügige Kreise mit Ihren Ellenbogen.

- Des Weiteren können Sie sich jede Stunde fünf Minuten lang darin herauszufordern, gerade zu sitzen. Falls Ihnen das zu lang ist, fangen Sie mit weniger Minuten an und steigern Sie die Dauer schrittweise. Stehen Sie unbedingt zwischendurch auf, um ein paar Schritte zu gehen und einseitige Belastungen zu vermeiden.

Ein gerader Rücken kann in der Tat entzücken und bildet die Basis für eine kommunikationsfördernde Haltung. Am besten sollten Sie diese in einem hüftbreiten Stand einnehmen. Wenn die Füße zu dicht aneinander stehen, wirkt das unterwürfig und übermäßig diszipliniert. Frauen neigen außerdem dazu, Ihr Gewicht auf ein Bein zu verlagern und strahlen dadurch Zurückhaltung aus. Umgekehrt machen Sie einen überheblichen Eindruck, wenn die Füße weit auseinander gestellt werden. Ausgehend von der optimalen Ausgangsposition kommt die Gestik ins Spiel.

Von dem lateinischem "Gestus" abgeleitet, steht Gestik für die begleitende Gebärde beim Sprechen. Mit anderen Worten sind es die Bewegungen, die zur Kommunikation genutzt werden. Teilweise handelt es sich um eigenständige Symbole, wie ein zustimmendes Kopfnicken oder ein nach unten zeigender Daumen für Unzufriedenheit. Meistens unterstützen Gestiken jedoch den verbalen Ausdruck. Sie ermöglichen es, den Inhalt zusätzlich zu verdeutlichen. Wenn Sie während eines Gesprächs oder Vortrags wie angewurzelt dastehen beziehungsweise auf dem Stuhl sitzen würden, wirkt das schnell unnatürlich und komisch. Besser ist es, immer etwas Dynamik in Ihre Grundhaltung zu bringen. Eine besonders große Rolle spielen Ihre Arme und Hände. Wenn diese in ihrer Bewegungsfreiheit eingeschränkt sind, führt es zu inneren Spannungen und dem Drang, andere Körperteile nervös wippen zu lassen. Studien stellten zudem fest, dass der Gedankenfluss auf diese Weise blockiert wird. Daher neigen Menschen, die kaum oder wenig gestikulieren, eher zu komplizierten Sätzen, Versprechern und darüber hinaus auch zu einer monotonen Sprachmelodie. Das ist übrigens auch beim Halten von Kugelschreibern oder anderen Gegenständen der Fall.

Sie verleiten zum wirren Herumspielen, was sich auf alle beteiligten Gesprächspartner überträgt und den Redner daran hindert, automatisch zu gestikulieren. Gestik lässt sich nicht wirklich trainieren. Damit Sie selbstsicher und authentisch auftreten können, sollten Sie viel eher auf einen natürlichen Bewegungsfluss setzen, als bestimmte Gestiken strategisch einzuplanen. Außerdem muss der Bewegungsfluss nicht kontinuierlich fortlaufen. Es ist besser, für einige Momente ruhig zu sein, als gekünstelt in der Luft herumzufuchteln und für Irritation zu sorgen. Aber wohin denn dann mit den Armen? Es geht dann in erster Linie noch immer darum, dass Sie sich wohlfühlen und es möglichst ungezwungen passiert. Verschränkte Arme gilt es grundsätzlich zu vermeiden, da dies ein Abwehrverhalten und Desinteresse vermittelt. Eine geballte Faust kann im richtigen Moment zwar Durchsetzungskraft unterstützen, über mehrere Minuten hinweg lässt es Sie jedoch aggressiv aussehen. Empörung wird hingegen klassischerweise durch in die Hüften gestemmte Hände ausgedrückt. Vorteilhafter Weise würden Sie die Arme hinter dem Rücken verschränken, sie locker neben dem Körper hängen lassen oder aber auf Bauchnabelhöhe zusammenhalten. Probieren Sie am besten verschiedene Variationen vor dem Spiegel oder vor ein paar Freunden aus. Wenn Sie sich vor einer Gruppe testen, sind sich meist unabhängig voneinander alle darüber einig, welche Armpositionierung Ihnen am besten steht.

Klar von der Gestik abzugrenzen gilt Mimik, also die Kommunikation mithilfe der Muskeln im Gesicht. Schätzungen nach zu urteilen, existieren um die 3000 Gesichtsausdrücke. Dabei werden die Grundemotionen wie Traurigkeit, Freude, Wut und Überraschung unabhängig von unterschiedlichen Ländern und Kulturen einheitlich verstanden. Das deutet darauf hin, dass die Mimik als Mittel zur Erleichterung des

Zusammenlebens in Gemeinschaften dient.

Es wird bereits im Kindesalter begonnen, die Mimik seiner Eltern zu spiegeln und zuzuordnen. Hochgezogene Augenbrauen drücken in der Regel Überraschung, Verwunderung oder Skepsis aus. Ablehnung und Ekel lassen sich anhand einer gerümpften Nase erkennen. Ein weit geöffneter Mund symbolisiert Erstaunen, während bei erweiterten Pupillen von großer Freude und Sympathie auszugehen ist. Häufiges Blinzeln zeugt zum Beispiel von Unsicherheit. Diese kann auch durch einen Biss in die Lippe zum Vorschein kommen. Wenn der Mund stark zusammengepresst wird, ist von besonders hoher Anspannung auszugehen. Gähnen kann nicht nur für Müdigkeit, sondern auch für Desinteresse oder Langeweile stehen. Die zuständige Gesichtsmuskulatur ist über Nervenbahnen mit dem Zentrum für Emotionen im Hirn verbunden. Aus diesem Grund können wir unsere Mimik nur zu einem gewissen Teil willentlich kontrollieren. In der Regel ist das Emotionszentrum ein wenig schneller als der logische Verstand. Deswegen sollten Sie im allerersten Moment nach einem Vorschlag auf die kaum wahrnehmbaren Kontraktionen, die auch als Mikroexpressionen bezeichnet werden, im Gesicht Ihres Gegenübers achten. Daran lässt sich festmachen, ob dieser Zustimmung tatsächlich fühlt oder ob er dies nur vorgibt.

Der wohl wichtigste Gesichtszug für jede Art von Kommunikation kann ebenfalls echt oder aufgesetzt sein: das Lächeln. Kinder lächeln durchschnittlich mehrere 100 Mal am Tag. Erwachsene scheinen das im Laufe der Zeit zu verlernen. Sie lächeln für gewöhnlich nur 15 Mal täglich. Dabei hat es einen enormen Einfluss auf unser Wohlbefinden und darauf, wie wir von anderen wahrgenommen werden. Ein freundliches Lächeln schafft eine Vertrauensbasis und Sympathie, wodurch einem Türen geöffnet werden können. Ein unechtes Lächeln lässt sich daran erkennen, dass die Augenpartie passiv ist. Bei einem authentischen Lächeln hingegen heben sich die Wangen, während sich die Augenbrauen senken und Fältchen unter dem Auge entstehen. Sowohl für ein strahlendes Lächeln als auch für andere Gesichtsausdrücke müssen die Muskeln trainiert werden. Wenn nie eine Miene verzogen wird, führt das zu einem Pokerface mit hängenden Mundwinkeln und lustloser Ausstrahlung. Dagegen können Sie mit folgenden Übungen angehen:

- Setzen Sie mindestens einmal pro Tag Ihr schönstes Grinsen auf und schauen Sie sich dabei im Spiegel an. Das steigert Ihr Wohlbefinden und Sie können überprüfen, inwiefern Ihr Lächeln bereits echt und ansteckend wirkt oder ob es noch Verbesserungsbedarf gibt. Auch Fotos und Videoaufnahmen eignen sich gut für eine solche Analyse.

- Ein besonders breites Grinsen wird durch einen simplen Trick erreicht, bei dem Sie einen Bleistift zwischen die Zähne nehmen. Halten Sie ihn 30 Sekunden lang fest, ohne dass er die Lippen oder die Zunge berührt.

- Optional können Sie dabei einen Comic lesen oder eine Comedy-Sendung schauen. Sie werden feststellen, dass Sie ohne den Bleistift einen deutlich geringeren Lach-Reiz verspüren.

- Zum Trainieren weiterer Gesichtsausdrücke, schreiben Sie zehn bewegende Erlebnisse aus Ihrem Leben auf. Sie werden bereits beim Schreiben bemerken, dass dabei Gefühle hochkommen und Sie Ihr Gesicht verziehen. Tragen Sie die Liste anschließend vor einem Spiegel oder laufender Kamera vor.

- Um die Gesichtsmuskulatur vor einem Bühnenauftritt oder wichtigen Gesprächen aufzulockern, sind Grimassen die beste Aufwärm-Methode. Sie können zum Beispiel für einige Sekunden alles zusammenkneifen und im Anschluss Augen und Mund so weit wie möglich öffnen.

- Ein Test für die Wirkungsweise Ihrer Mimik mit Spaßfaktor ist das Vorlesen von Kindergeschichten. Wenn die Kleinen mit großen Augen an Ihren Lippen hängen, seien Sie sich sicher, dass Sie es richtig machen.

Es lohnt sich auch, die Mimik Ihrer Mitmenschen deuten zu lernen. Kriminalpolizisten oder Psychologen machen sich das zum Beispiel zunutze, um Lügen zu entlarven. Generell gilt, dass unruhiges Verhalten sich in vielen Fällen auf Stress und Nervosität zurückführen lässt. Darüber hinaus sind übermäßiges Blinzeln, Meiden des Blickkontakts, ständiges Wechseln der Blickrichtung und Rotwerden Anzeichen für Verlogenheit. Um Ihre Wahrnehmung für Mimik und weitere nonverbale Kommunikationssignale zu schärfen, bieten sich folgende Methoden an:

- Setzten Sie sich in ein Café oder an einen anderen öffentlichen Ort und beobachten Sie die Menschen um sich herum. Können Sie einen Streit, einen Flirt oder andere Gespräche erkennen, ohne zu hören, was gesagt wird?
- Wenn Ihnen nicht danach ist, das Haus zu verlassen, machen Sie es sich mit einem Stummfilm auf der Couch bequem. Alternativ können Sie bei herkömmlichen Filmen den Ton ausschalten und nach jeder Szene pausieren, um den möglichen Inhalt zu analysieren. Gehen Sie den Film im Nachhinein mit Ton durch, um Ihre Ergebnisse abzugleichen.
- Auch Theaterbesuche eignen sich prima, um sich dem Ausdruck der Körpersprache zu widmen und ihn besser zu verstehen.

Unter die nonverbale Kommunikation können auch Körperberührungen, zum Beispiel ein ermutigendes Schulterklopfen oder Umarmungen gezählt werden. Generell sollten jedoch keine persönlichen Grenzen überschritten und dadurch Distanzlosigkeit vermittelt werden. Seien Sie bezüglich Körperkontaktes deswegen eher vorsichtig und achten Sie zuerst darauf, ob Ihr Gesprächspartner sich noch immer wohlfühlt, wenn Sie ein wenig näher kommen.

Zu guter Letzt muss auch erwähnt werden, dass Ihr äußeres Erscheinungsbild eine Rolle spielt. Ein Mensch kann noch so tolerant sein, ein gewisses Maß an automatischer Kategorisierung von Personen aufgrund Ihres optischen Auftretens wird immer bestehen bleiben. So könnte bei vernachlässigter Körperhygiene oder lumpigen Kleidern der sogenannte Hawthorne-Effekt eintreten. Dabei wird eine einzige negative Eigenschaft, die wir in einem anderen Menschen erkennen können, auf seine ganze Person übertragen. Genau umgekehrt funktioniert der Halo-Effekt. Wenn eine positive Eigenschaft wahrgenommen wird, zum Beispiel Attraktivität, wird aufgrund derer von Intelligenz und Kompetenz oder einer liebevollen Persönlichkeit ausgegangen.

Die Macht nonverbaler Kommunikation sollte niemals unterschätzt werden, wenn es um Rhetorik geht. Zusammen mit verbaler Kommunikation macht sie laut einer Theorie des Psychologen Albert Mehrabian jedoch noch immer nur 62 % vollständiger Kommunikationsfähigkeit aus. Der 55–38–7-Regel nach zu urteilen, stellt ein zusätzlicher Aspekt, der oft in Vergessenheit gerät, mit 38 % einen weiteren entscheidenden Faktor dar.

PARAVERBALE KOMMUNIKATIONSFÄHIGKEIT – DER TON MACHT DIE MUSIK

Ein weiterer, weniger bekannter Teilaspekt von zwischenmenschlichen Interaktionen ist die paraverbale Kommunikation. "Para" leitet sich vom Griechischem ab und bedeutet so viel wie "begleitend". Es bezieht sich auf die akustisch wahrnehmbaren Elemente, die unsere Sprache begleiten. Das Medium dieser Elemente ist unsere Stimme. Durch ihre Hilfe senden wir Signale an unser Gegenüber, die blitzschnell im Gehirn verarbeitet und eingeordnet werden. Beurteilt wird anhand von Kriterien wie der Sprechgeschwindigkeit, Lautstärke, Tonfall, dem Setzen von Pausen, Räuspern oder einem Lachen und der Sprechmelodie. Dadurch können Sätze mit ein und demselben Wortlaut völlig unterschiedlich meinen. Wir erkennen anhand des stimmlichen Ausdrucks beispielsweise Ironie, Gereiztheit, Lügen oder Trauer.

Oft verrät die Stimme die wahre innerliche Verfassung des Sprechers. Dann kann ein noch so ausdrucksstarker Satz formuliert werden, wenn der Inhalt nicht stimmig mit dem Klang der Stimme ist, fällt das sofort auf. So offenbart ein Zittern in der Stimme zum Beispiel Nervosität und Unsicherheit und führt dazu, einen weniger vertrauenswürdigen Eindruck zu vermitteln. Darüber hinaus entscheidet die Stimme sogar häufig über Sympathie und Antipathie. Zu einem gewissen Anteil ist es von dem subjektiven Empfinden abhängig, welche Stimmfarbe als angenehm wahrgenommen wird. Einige generelle Dinge lassen sich dennoch beobachten. Eine hohe Stimme wirkt schnell hysterisch und resultiert in weniger Durchsetzungsvermögen. Im Durchschnitt wird eine etwas tiefere und warme Stimme als angenehm wahrgenommen. Es fällt leichter, zuzuhören und erweckt den Eindruck innerer Gelassenheit und Kompetenz. Zwar ist der Klang unserer Stimme genetisch festgelegt, trotzdem lassen sich viele Faktoren aktiv beeinflussen, um die Akustik beim Sprechen zu optimieren.

Das Organ, in dem unsere Stimme entsteht, ist der Kehlkopf. An dessen unterem Abschnitt flechten sich Bänder und feines Muskelgewebe zopfartig von hinten nach vorne. Dabei handelt es sich um das Gewebe, das wir als Stimmlippen oder Stimmbänder bezeichnen. Sie funktionieren Ventil-artig. Wenn Ausatemluft aus den Lungen nach oben strömt, werden die Bänder in Schwingungen versetzt, sodass sie sich in Sekundenschnelle öffnen und schließen. Durch die Druckschwankungen entstehen Schallwellen, die letztendlich einen Ton produzieren. Das macht unseren Atem sozusagen zu dem Motor unserer Stimme. Die Qualität der Atmung bestimmt die Qualität unserer Stimme und darüber hinaus auch unser mentales Befinden. Atmen ist überlebenswichtig und zählt deswegen zu den automatisch ablaufenden Körperfunktionen des vegetativen Nervensystems.

Die unbewusste Atmung führt jedoch bei den meisten Menschen zu einer oberflächlichen Belüftung der höher gelegenen Abschnitte der Lunge. Dadurch weitet sich der Brustkorb und die Schultern heben sich. Es kommt zu Anspannungen im Halsbereich, was die Stimme hart, beinahe gepresst klingen lässt. Außerdem muss bei dieser flachen Atmung öfter nachgeatmet werden, was sich auf den Sprachfluss auswirkt. Insgesamt kommt es zu einem abgeschlagenen und müden Befinden, da das Blut mit weniger Sauerstoff angereichert werden kann. Konzentration aufrechtzuerhalten oder Nervosität abzubauen, ist bei einem Sauerstoffmangel in den Gehirnzellen undenkbar. Dem können Sie durch tiefe Atemzüge in den Bauch entgegenwirken. Denn im Gegensatz zu den anderen Reflexen des vegetativen Nervensystems, kann Atmung auch bewusst gesteuert werden. Ihr gesamter Organismus profitiert folglich von mehr Energie, Verspannungen lösen sich physisch und psychisch und vor allem werden Volumen und Ausdauer Ihrer Stimme immens gesteigert. Am besten integrieren Sie regelmäßige Atemübungen in Ihren Alltag, um sich die Bauchatmung langfristig anzugewöhnen. Gleichermaßen lassen sie sich jedoch auch vor einem großen Auftritt oder einem wichtigen Gespräch durchführen, um die besten Begebenheiten für Ihre

Stimme zu schaffen und stressfrei in die Situation zu gehen.

- Schließen Sie im aufrechten Stand oder Sitz Ihre Augen, um dann dreimal ganz tief in den Bauch einzuatmen. Achten Sie dann darauf, auch vollständig auszuatmen und wiederholen Sie diesen Ablauf beliebig oft. Nehmen Sie zum Ende noch einmal drei normale Atemzüge, um die Veränderung zum Ausgangszustand wahrzunehmen.

- Diese Übung funktioniert genauso im Liegen, wenn Sie dies bevorzugen. Es hat den Vorteil, dass Sie Ihre Muskeln vollkommen entspannen können. Hilfreich ist es außerdem, die Handflächen ohne Druck auf der Bauchdecke abzulegen, um das Heben und Senken zu spüren. Versuchen Sie auch hier, den Luftstrom so kontrolliert wie möglich wieder entweichen zu lassen.

- Optional können Sie bei der Einatmung bis vier zählen, die Luft anschließend für drei Sekunden anhalten und während des Ausatmens wieder bis vier zu zählen. Führen Sie dies mindestens fünfmal durch.

- Einen besonders beruhigenden und Konzentration-steigernden Effekt hat eine weitere Abwandlung, bei der Sie mit der Ausatmung einen tiefen Seufzer von sich geben. Dabei werden die Lungenbläschen, die durch Stress oder Belastungen in sich zusammenfallen, reaktiviert und sind wieder aufnahmefähig für den Sauerstoff.

- Ähnlich funktioniert die ozeanische Atmung der Yoga Praxis, die im Sanskrit auch als “Ujjayi” bezeichnet wird. Hierfür würden Sie während der Ausatmung ein sanftes Rauschen in der Kehle provozieren, ohne jedoch einen tatsächlichen Laut von sich zu geben oder den Mund zu öffnen. Dadurch wird insbesondere Konzentration gebündelt und Muskelanspannung reduziert.

- Die Yogis haben noch viele weitere nützliche Atemübungen, die als Pranayama zusammengefasst werden. “Prana” bedeutet in diesem Kontext nicht nur Luft, sondern auch Lebensenergie und “ayama” steht für

Kontrolle. Besonders geeignet für einen Zustand inneren Friedens ist die Wechselatmung, auch "Anuloma Viloma". Verschließen Sie dafür abwechselnd mit Daumen und Ringfinger Ihre Nasenlöcher. Der erste Atemzug würde dann beispielsweise durch das linke Nasenloch genommen werden, bevor für einen kurzen Moment beide Nasenlöcher zugehalten werden. Danach öffnen Sie das rechte Nasenloch, um erst langsam aus- und dann wieder einzuatmen. Nun wird der Vorgang in die andere Richtung wiederholt. Die Idee dahinter ist, beide Gehirnhälften ins Gleichgewicht zu bringen.

- Hinter der sogenannten Kumbhaka-Atmung verbirgt sich eine Technik, die mit etwas Fantasie einhergeht. Mit jeder Einatmung stellen Sie sich vor, dass Sie positive Energie, Mut und Kraft in Ihr Inneres aufnehmen. Beim Ausatmen hingegen lassen Sie all den Ballast wie Angst und Zweifel los.

- Die Auswahl an Pranayama-Übungen ist unerschöpflich und sie würden hier den Rahmen sprengen. Daher kommen wir mit der Bhramari-Atmung zum Ende. Mit geschlossenem Mund wird während der Ausatmung ein langes "Mh" gesummt. Sie können sich dabei vorstellen, das Summen einer Biene zu imitieren. Dann entstehen Vibrationen im Bereich des Kehlkopfes, die zu einer besseren Durchblutung des Gewebes führen. So gewinnt die Stimme an Prägnanz und Variationsmöglichkeiten der Tonlage.

Wenn wir reden, vor allem, wenn es sich um schnelle Gespräche handelt, neigen wir dazu, wieder in ein oberflächliches Atemmuster zu verfallen. Achten Sie daher besonders darauf, einen fließend gleichmäßigen Rhythmus beizubehalten. Das wird Ihnen ebenfalls dabei helfen, nicht hastig und unverständlich zu sprechen. Generell ist es immer besser, eher langsam zu sprechen. So strahlen Sie innere Ruhe und Geduld aus und Ihre Zuhörer können Gesagtes besser aufnehmen. Es ist außerdem wichtig, dass Sie eine aufrechte, aber gleichzeitig lockere Haltung einnehmen, sei es im Stehen oder Sitzen. Nur dann können Sie ohne

Blockaden ein- und ausatmen. Denn wenn Sie krumm sitzen und sich förmlich hängen lassen, werden Sie niemals eine kraftvolle Stimme produzieren können. Andersherum überträgt sich eine Überanspannung der Muskulatur insofern auf die Stimme, dass Sie zu hart klingt. Probieren Sie es zur Übung doch einmal aus, beim lauten Lesen mit Ihrem Atem in Verbindung zu bleiben.

Neben dem Kehlkopf sind weitere Strukturen an der Stimmbildung beteiligt, die Sprechwerkzeuge genannt werden. Dazu gehören der Kiefer, die Gesichtsmuskulatur, Lippen, Zunge und der Mund-Nasen-Rachenraum. Auch deren Funktionen lassen sich teilweise optimieren. Wenn wir gestresst sind, spannen wir die genannten Regionen automatisch an. Das schränkt die Entfaltung des Klangs unserer Stimme ein und verhindert eine deutliche Aussprache. Die folgenden Übungen eignen sich bestens als Aufwärmprogramm vor längeren Redeeinheiten.

- Um den Kiefer zu lockern können Sie die Muskulatur massieren, Ihre Wangen von oben nach unten ausstreichen oder großzügige Bewegungen machen, so als würden Sie kauen. Derselbe Effekt kann beim Kauen von Kaugummi während des Sprechens trainiert werden.

- Es bietet sich ebenfalls an, den Mund einige Mal wie beim Gähnen weit zu dehnen und die Zunge herauszustrecken, um den Resonanzraum zu erweitern.

- Das bewusste Anspannen der Gesichtsmuskulatur und anschließendes Entspannen ist eine weitere Option. Ziehen Sie dafür das Gesicht zusammen als hätten Sie in eine saure Zitrone gebissen und zählen Sie bis drei bis Sie die Grimasse wieder auflösen. Dann können Sie mit den Händen von der Stirn, über Augen, Nase und Wangen bis zum Kinn streichen.

- Außerdem sollten Sie den Kopf nach vorn und hinten neigen, ohne den Nacken zu überstrecken und ihn entspannt hin und her schaukeln lassen. Gleichzeitig produzieren Sie mit schlaffen Wangen und leicht geöffnetem Kiefer Laute wie ein langes “Ah”.

• Zur Vorbereitung der Stimmbänder bietet es sich an, die Stimme mit Bedacht nach oben und unten zu ziehen und ihre Grenzen auszutesten. In den höheren Lagen sind die Stimmbänder lang und gespannt, während sie bei tieferen Tönen eher kurz und schlaff sind.

• Mit der Zunge können Sie Ihren gesamten Mundraum abtasten. Berühren Sie dafür jeden Zahn mit der Zungenspitze und streichen Sie sie anschließend mit leichtem Druck über Gaumen und Mundboden. Zusätzlich können Sie Ihre Zunge sanft gegen die Innenseiten der Wangen boxen.

• Eine Alternative ist das Formen von Silben wie "Ptk, ptk, ptk", "Lalelu" oder "Dededadadidi" im zunehmenden Tempo.

• Die Vokale A, E, I, O und U eignen sich bestens, um auf simple Weise eine saubere Aussprache und das Stimmvolumen zu trainieren. Machen Sie den Mund dabei breit und halten Sie den Ton so lange wie möglich.

• Um sich seltener zu versprechen, trainieren Sie das Aufsagen von Zungenbrechern. Das ist gut für Ihr Gehirn sowie für die Sprechmuskulatur. "Fischers Fritze fischt frische Fische. Frische Fische fischt Fischers Fritze.", "Blaukraut bleibt Blaukraut und Brautkleid bleibt Brautkleid" oder "Zwischen zwei Zwetschgenbaumzweigen zwitschern zwei geschwätzige Schwalben." sind nur wenige der etlichen Auswahlmöglichkeiten.

• Anspannung in den Lippen können Sie durch Pferde-ähnliches Schnauben mit geschlossenem Mund lösen. Vielleicht fallen Ihnen weitere Laute zum Imitieren ein. Automotoren oder Rasierapparate sind zum Beispiel auch bestens geeignet.

Diese Trainingseinheit hilft nicht nur bezüglich des Weitens und Lockerns des Resonanzraums für Stimmvolumen. Zusätzlich wird dadurch eine bessere Aussprache ermöglicht. Je sauberer Sie sich artikulieren, umso besser werden Sie logischerweise verstanden. Übertriebenes

Schön-Sprechen wird jedoch als aufgesetzt wahrgenommen. Sie können die Deutlichkeit Ihrer Sprache testen, indem Sie vor einer Gruppe, die etwas weiter entfernt ist, mit möglichst leiser Stimme zu sprechen. Achten Sie darauf, die deutliche Aussprache bis zum Ende jeden Satzes durchzuhalten und die letzten Wörter nicht zu verschlucken beziehungsweise in sich hinein zu nuscheln.

Damit sind die besten Begebenheiten einer einwandfreien Entfaltungsmöglichkeit Ihrer Stimme geschaffen. Für die richtige Tonlage reicht dies aber noch nicht ganz aus. Es konnte beobachtet werden, dass Frauen dazu tendieren, ihre Stimme in die Höhe zu drücken, während Männer gern tiefer als von Natur aus sprechen. Dies führt sowohl dazu, dass die Stimme ermüdet als auch eventuell heiser klingen wird. Auf Dauer bedeutet es für jeden Redner Anstrengung, die Stimme zu verstellen, was sich unmittelbar auf den Zuhörer überträgt. Der optimale Klang wird in der Regel in der sogenannten Indifferenzlage erreicht. Das ist der Tonbereich, in dem wir durch minimalen Aufwand Stimmfülle erreichen. Es ist quasi die natürliche Klangfarbe, die lebendig klingt und es uns erlaubt, lange am Stück mühelos zu sprechen.

- Die individuelle Indifferenzlage lässt sich durch einfache Übungen herausfinden. Sie können sich ihr zum Beispiel annähern, indem Sie darauf achten, in welchem Ton Sie reflexartige Laute wie "Hmm" oder "Aha" machen, wenn Sie jemandem zuhören und Verständnis signalisieren.

- Eine weitere Möglichkeit im Alltag, um das Gefühl für die Tonlage zu stärken, bietet sich jedes Mal an, wenn Sie einen Anruf erhalten. Halten Sie kurz inne und summen Sie ein paar Mal ein entspanntes "Hmm" bevor Sie abheben. Melden Sie sich dann von dieser Stimmlage ausgehend.

- Genauso können Sie lange Wortreihen aufsagen, beispielsweise bis fünfzig zählen, das Alphabet oder Wochentage mehrmals hintereinander aufsagen. Dann stellt sich die gewünschte Tonlage nach einer Weile von selbst ein.

Trotz aller Bemühungen und dem Einhalten der Indifferenzlage kann es vorkommen, dass die Stimme nach längerem Reden versagt. Das äußert sich unter anderem in Form von Heiserkeit oder häufigem Räuspern.

• Um dem vorzubeugen sollten Sie allgemein viel trinken. Das hält die Stimmbänder nachhaltig geschmeidig. Dabei sollten Sie auf reizarme Getränke wie Wasser und Kräutertees setzen. Vor allem lauwarmes Wasser schützt vor Strapazen.

• Auch Bonbons und Pastillen eignen sich zur Pflege der Stimmlippen. Optimalerweise sollten Sie zu Salbei, Irisch Moos oder Emser Salz-Sorten greifen und auf Menthol verzichten. Letzteres trocknet die Schleimhäute nämlich aus.

• Wenn Sie zum Beispiel bei einem Vortrag kein Getränk bereitgestellt bekommen, können Sie stattdessen schlucken, mit der Zunge an der Hinterseite Ihrer Schneidezähne entlang gleiten oder leicht auf die Zungenspitze beißen, um die Speichelproduktion anzuregen.

• Außerdem ist es hilfreich, dafür zu sorgen, dass Sie frische Luft atmen können. Schlecht belüftete oder stark beheizte Räumlichkeiten führen zu gereizten Schleimhäuten, genauso wie Zigarettenkonsum.

• Im Fall eines unangenehmen "Kloß" im Hals sind die Stimmlippen belegt. Dagegen können Sie am besten durch Gähnen, Husten, Speichel schlucken oder Summen angehen. Wenn sich hingegen geräuspert wird, werden die empfindlichen Bänder ruckartig zusammengeschlagen. Das schafft zwar kurzfristige Erleichterung, da der Schleim gelöst wird, letztendlich wird dieser jedoch neugebildet und die Stimme ist noch stärker belegt als vorher.

• Falls es bereits zu Heiserkeit gekommen ist, Ihnen aber ein wichtiges Gespräch oder ein Vortrag bevorsteht, sollten Sie möglichst gar nicht sprechen. Entgegen den Erwartungen belastet Flüstern die Stimme übrigens noch mehr, da sich die Stimmlippen dabei nicht komplett verschließen und die Ausatemluft gegen einen besonders hohen Druck an arbeiten muss. Trockenheit und Entzündungsprozesse werden somit gefördert und Stimmprobleme folglich bloß verschlimmert. Am schonendsten ist es, in den unvermeidbaren Ausnahmefällen leise zu sprechen.

Hätten Sie jemals gedacht, dass es hinsichtlich etwas so Banalem wie der Stimme so viel zu beachten gibt? Und von der Macht von Betonungen haben wir noch gar nicht angefangen. Es ist jedoch wichtig, die Wirkungskraft der Sprachmelodie ebenfalls zu erwähnen. Dabei gilt es vor allem zu berücksichtigen, dass Sie zum Ende eines Satzes nicht in der Höhe mit Ihrer Stimme bleiben, sondern auf den Punkt sprechen. Ansonsten haben die Empfänger Ihrer Botschaft das Gefühl, Sie hätten noch etwas zu sagen. Und Sie selbst werden dies auch spüren können, wodurch die Wahrscheinlichkeit steigt, den roten Faden zu verlieren oder in Nebensächlichkeiten abzudriften. Denken Sie daher unbedingt daran, Ihre Stimme am Ende einer Satzeinheit zu senken. Es ist die Basis einer dynamischen Melodieführung. Generell wirkt ein harmonisches Aufwärts- und Abwärtsbewegen der Stimme im Gegensatz zu Monotonie leidenschaftlich und engagiert. Dann hört man Ihnen gern zu und folgt Ihren Worten ganz gespannt. Spielen Sie also ruhig etwas mit den Höhen und Tiefen, pendeln Sie sich letztendlich aber immer wieder auf die optimale Lage ein. Sie können zusätzlich bewusste Akzente setzen und bestimmte Worte besonders hervorheben, um deren Wirkung zu unterstreichen.
Auch durch Variationen des Sprachtempos und dem gezielten Einsatz von Pausen lässt sich mehr Lebendigkeit in Ihre Worte zaubern. Vor allem bei aufeinanderfolgenden Aussagen, die von Relevanz sind, sollten Sie nicht davon absehen, eine kurze Sprechpause einzuschieben. Dann können die Informationen vom Zuhörer verarbeitet werden. Darüber hinaus ist es clever, vor oder nach wichtigen Aussagen oder Worten Spannungs- beziehungsweise Wirkpausen einzuhalten. Sie gewinnen

dadurch an Aufmerksamkeit und regen Ihre Zuhörer zum Mitdenken an. Lassen Sie sich nicht von der Stille verunsichern und üben Sie sich gezielt darin, das Schweigen für drei volle Sekunden auszuhalten. Sie werden sehen, anschließend hängen Gesprächspartner oder sogar ein ganzes Publikum Ihnen an den Lippen und fiebern Ihren nächsten Worten entgegen.

Achten Sie nur darauf, Ihre Sprechwerkzeuge währenddessen nicht zu verkrampfen, sondern entspannt zu lassen. Dann können Sie anschließend sofort locker, verständlich und mit fülliger Stimme fortfahren.

Monologische Rhetorik – Souverän im Mittelpunkt stehen

Sie haben nun bereits eine Menge grundlegender Dinge für erfolgreiche Rhetorik gelernt. Eine besondere Herausforderung stellen Situationen dar, in denen Sie im Mittelpunkt stehen und allein vor mehreren Menschen sprechen müssen. Das geht automatisch mit Aufregung und der Angst sich zu blamieren einher. Daher widmet sich dieses Kapitel Monologen, wie Sie sich am besten auf diese vorbereiten können und welche Dinge es bei der Ausführung zu beachten gibt. Darüber hinaus werden Ihnen zum Ende eine Menge Tipps zum Überwinden der Nervosität an die Hand gegeben.

FESSELNDE REDEN UND VORTRÄGE HALTEN

Eine Rede ist ein rhetorischer Vortrag, der das Ziel verfolgt, die Gedanken, Gefühle und Wünsche der sprechenden Person oder einer ganzen Gruppe, der diese Person angehört, vor einem Publikum zum Ausdruck zu bringen. Mögliche Anlässe sind unter anderem Hochzeiten und Trauerreden, Einweihungsfeiern und Jubiläen, Dankes- und Ehrenreden, aber auch Pressekonferenzen und Überzeugungsreden zum Umweltschutz oder anderen politischen Themen. Seit Neuestem können auch manche Formate von YouTube-Videos dazu gezählt werden. Aristoteles‘ Aufteilung in drei übergeordnete Gattungen ist noch bis heute anwendbar. Unter das Genos Symbouleutikon fallen beratende Reden, die der Intention entspringen, ein bestimmtes Verhalten herbeizuführen. Das soll durch das Abwägen von Nutzen und Schaden der Handlungsmöglichkeiten erreicht werden. Genos Dikanikon beschreibt gerichtliche Reden, bei denen entweder angeklagt oder verteidigt werden möchte. Das Ziel ist die Urteilsfindung für vergangene Taten. Festreden, in denen Charaktere gelobt werden, nannte Aristoteles Genos Epideiktikon. Erst im Mittelalter etablierte sich mit religiösen Predigten eine vierte Redegattung. Auch die grundsätzlichen Ziele einer Rede, die der Philosoph vor mehreren hundert Jahren formuliert hat, sind weiterhin aktuell:

- Unter *docere* versteht man die Vermittlung von Informationen und Fakten, um Wissen zu aktualisieren oder zu vertiefen. Dieser Aspekt ist vor allem für Dozenten und Lehrer von Bedeutung. Bezogen wird sich dabei ausschließlich auf Sachinhalte, die dem intellektuellen Stand des Publikums entsprechend weitergegeben werden sollten.
- Zweites wesentliches Ziel ist *movere*, also das Überzeugen und Begeistern von bestimmten Ideen. Dafür spielen neben den Sachinhalten vor allem Emotionen und Motivation eine entscheidende Rolle.
- Zuletzt beschrieb Aristoteles noch den Unterhaltungsfaktor einer Rede als *delectare*. Das ist vor allem bei theoretischer Wissensvermittlung wichtig, um die Zuhörer bei Laune zu halten.

Reden sind nur in den seltensten Fällen spontan und müssen, bevor es ans Vortragen geht, erst einmal geschrieben und einstudiert werden. Obwohl empfohlen wird, letztendlich nicht vom Manuskript abzulesen, müssen bereits bei der Planung rhetorische Strategien einfließen. Die klassischen Arbeitsschritte Inventio, Dispositio, Elocutio, Memoria und Actio bieten Orientierung, damit Sie bei der Vorbereitung garantiert nichts außen vor lassen:

Inventio bezeichnet den ersten Schritt. Dabei dreht sich alles um das Thema. Durchleuchten Sie es anhand der W-Fragen und tragen Sie Ihr Wissen zusammen. Es ergibt Sinn, verschiedene Sichtweisen und auch Nebenthemen zu recherchieren, um bestens informiert zu sein.

Abgesehen von Websites lohnt es sich, auch Bibliotheken, Experten-Interviews und Dokumentationen als Quellen heranzuziehen.

Im nächsten Schritt, Dispositio, geht es darum, all diese Informationen logisch zu strukturieren. Dazu sollten Sie Ihr Ziel klar und deutlich in nur einem Satz formulieren. Das ist die Kernbotschaft, auf welcher alles Weitere aufbauen sollte. Zur Gliederung haben sich verschiedene Modelle als vorteilhaft erwiesen:

- Die erste Möglichkeit ist eine zeitliche Strukturierung, bei der auf Grundlage von Vergangenheit und Gegenwart ein Blick in die Zukunft geboten wird. Entwicklungen nach diesem Prinzip darzustellen, eignet sich generell zur Handlungsmotivation, ob es in Form von Ermutigung oder Warnung sei.

- Es kann ebenfalls zeitlich bis zum Status quo gegliedert werden. Wo hat Ihr Thema seine Wurzeln und welche Wandlungen hat es bis zum heutigen Tag durchlebt? Dieses Vorgehen ist zu empfehlen, wenn etwas abgeschlossen und Leistung zu würdigen ist. Das ist zum Beispiel bei der Verabschiedung von Mitarbeitern oder der Fertigstellung eines gemeinsamen Projekts der Fall.

- Mit dem klassischen Stil machen Sie in der Regel nie etwas falsch. Dabei wird in fünf gedankliche Abschnitte eingeteilt. Exordium beschreibt die Einleitung und zielt darauf ab, die Aufmerksamkeit der Zuhörer für sich zu gewinnen. Bei der Narratio geht es um die Schilderung des Sachverhalts. Im Zuge derer können Sie auch bereits Ihr Ziel beziehungsweise Ihre These nennen. Darauf folgt die Propositio, also eine grobe Gliederung der anschließenden Beweisführung. Diese nehmen Sie dann während der Argumentatio detailliert vor. Hier geht es darum, mit Argumenten zu überzeugen und die der gegnerischen Seite zu widerlegen. Zum Schluss ziehen Sie im Schritt die Conclusio ein Fazit. Appellieren Sie außerdem noch ein letztes Mal an die Emotionen des Publikums und fordern Sie diese gegebenenfalls direkt zum Handeln auf.

• Der Pro-Kontra-Formel nach würden Sie zuerst Ihr Thema vorstellen und dann die Meinung der Gegenseite ausführen. Auf Ihre eigene Position folgt dann ein Fazit mit Appell. Diese Methode vermittelt einen reflektierten Eindruck und sorgt dafür, dass Ihr Standpunkt eher in Erinnerung bleibt.

• Wenn es sich um ein Publikum mit umfangreichem Hintergrundwissen zur Thematik handelt, kann eine Trichter-Gliederung sinnvoll sein. Dabei wird sich durch das Aufwerfen einer Fragestellung, logischer Argumentation und abschließender Empfehlung auf das Wesentliche konzentriert.

• Andersherum ist es bei der Pyramiden-Struktur. Sie ist gut geeignet, um komplexe Inhalte verständlich für Laien darzustellen. An der Spitze steht das Problem, darunter Ihre Hauptthese beziehungsweise der Lösungsvorschlag. Es folgt die Argumentation und zu guter Letzt wird die Kernbotschaft noch einmal wiederholt.

Es gibt übrigens eine Faustregel, die besagt, dass die Einleitung circa 10 %, der Hauptteil 80 % und der Schluss weitere 10 % Ihrer Präsentation ausmachen sollten. Wenn der grobe Rahmen geschaffen ist, findet die Verfeinerung statt. Dieser Prozess wird auch Elocutio genannt und erfordert von Ihnen, dass Sie sich in die Rolle des Zuhörers versetzen:

• Handelt es sich um Fachleute oder Laien und stimmt Ihre Ausdrucksweise damit überein? Unnötige Fremdwörter gilt es zu vermeiden. Wenn sie in Maßen trotzdem vorkommen, berücksichtigen Sie, dass diese eventuell von Ihnen erklärt werden müssen. Machen Sie sich außerdem die Erwartungen, Wertvorstellungen und die voraussichtliche Stimmung bewusst, um darauf geschickt aufbauen zu können.

• Rhetorik bedeutet, Prioritäten setzen zu können. Gibt es vielleicht Abschnitte, die Sie streichen können, da die Informationen bereits bekannt sind? Die sogenannte Dreierregel besagt, dass sich Menschen von elf Beiträgen einer Tagesschau im Durchschnitt nur an drei erinnern. Oft ist es deswegen besser, drei gut durchdachte und besonders starke Argumente auszuführen, anstatt mit Vielfalt zu punkten. Zur Not können Sie für ausführlicheres Wissen auf eine Website oder Ihr Handout verweisen. Falls Ihr Vortrag trotzdem sehr lang wird, ziehen Sie es in Erwägung, eine Pause einzubauen, während der sich Ihre Zuhörer kurz bei einem Kaffee mit anderen austauschen und sich anschließend in alter Frische wieder Ihrer Rede widmen können.

• Generell sollten Sie sich nicht zu stark in Ihrer "Schreib-Sprache" ausdrücken. Die einst gelungenen Formulierungen klingen schnell zu akademisch und verlieren Ihre Wirkung, sobald sie ausgesprochen werden. Zwar hatten schriftliche Kunstfertigkeiten in der Antike einen hohen Stellenwert, heute lässt sich Nähe zum Publikum jedoch eher durch eine natürliche Ausdrucksweise, die an Alltagsgespräche erinnert, aufbauen. Orientieren Sie sich daher lieber an Ihrer "Sprech-Sprache". Es hilft ungemein, sich ein Diktiergerät oder Smartphone zur Hand zu nehmen und improvisierte Sätze aufzunehmen. Die besten Ergebnisse schreiben Sie dann einfach genauso auf, wie Sie sie gesprochen haben. Im Nachhinein sollte unbedingt auf grammatikalische Richtigkeit geprüft werden.

• Verzichten Sie so weitestgehend auf langatmige Formulierungen, etliche Nebensätze und Aufzählungen, die scheinbar kein Ende nehmen. Dass komplizierte Sätze elegant wirken, ist Schwachsinn. Auch kurze Sätze können Ihre Kompetenz beweisen und erleichtern es den Zuhörern um einiges, die Informationen zu verarbeiten. Unbedeutende Beiwörter wie "eigentlich" oder "quasi" streichen Sie bitte!

• Achten Sie außerdem darauf, im Aktiv-Modus zu bleiben. Im Gegensatz zu Passiv- und Konjunktiv-Formulierungen wirkt das viel überzeugender. Scheuen Sie nicht davor zurück, konkret zu sagen, wie eine Situation aussieht und nicht, wie diese irgendwann eventuell sein könnte. Meistens bietet sich das Präsens als effektivste Zeitform an, da mehr

Spannung und Nähe aufgebaut werden.

• Ein Gemeinschaftsgefühl lässt sich durch die Verwendung von "Wir" erzeugen, während Sie Aufforderungen jedoch in direkter Anrede, also "Sie", "du", oder "ihr", schreiben sollten. Aussagen, die das Selbstbild einer Person ansprechen, sind schwieriger von diesen abzulehnen, als wenn Sie zum Beispiel in der "man"-Form sprechen. Ich-Botschaften wirken ebenfalls persönlicher und sollten vor allem genutzt werden, um Emotionen wie "Ich bin beeindruckt ..." oder "Ich bin erschrocken ..." auszudrücken.

• Außerdem geht es nun an die Integration rhetorischer Stilmittel. Achten Sie auf eine bildhafte Sprache und markieren Sie sich zum Beispiel Stellen, an denen Sie zusätzliche Spannung durch Pausen aufbauen möchten. Wie können Sie die Bindung zum Publikum noch stärken? Fällt Ihnen vielleicht eine persönliche Geschichte ein, die die Distanz zwischen Ihnen und den Zuhörern nehmen kann? Vielleicht möchten Sie diese sogar direkt miteinbeziehen. Eine Frage zu stellen kann schnell schiefgehen. Entweder reagiert niemand oder es erlaubt sich jemand einen Scherz und ruft eine witzig gemeinte Antwort, die Sie letztendlich blöd aussehen lässt. Statt dieses Risiko einzugehen, nehmen Sie doch eine Hand-Hoch-Abstimmung vor, bitten die Zuhörer, sich mit dem Sitznachbarn auszutauschen oder stellen Sie Ihre Frage gezielt an einen Kollegen beziehungsweise Freund, der im Publikum sitzt. Grundsätzlich eignen sich Schätzungsfragen gut, nach denen Sie dann mit den echten Zahlen für Verblüffung sorgen können. Sie können mit Anweisungen wie "Vergleichen Sie ..." aber auch ganz einfach direkt zum Mitdenken auffordern.

Oft lassen sich Daten und Fakten viel besser verdeutlichen, indem sie in einen vorstellbaren Kontext gebracht werden. Unter dem Stromverbrauch einer Durchschnittsfamilie in fünf Jahren oder der Größe eines Fußballfelds können mit Sicherheit mehr Leute etwas anfangen als mit rein theoretischen Zahlen. All diese Strategien sollten immer das Ziel verfolgen, Ihre Ideen durch Ihre sprachlichen Mittel in den Köpfen der Zuhörer zu reproduzieren.

• Memoria bezieht sich auf das Einprägen der Rede. Statt sie wortwörtlich auswendig zu lernen, bietet es sich an, einen kleinen Notizzettel oder Karteikarten mit Stichworten vorzubereiten. Dadurch schaffen Sie eine gedankliche Abfolge und können sich im Voraus überlegen, was Sie zu welchem Stichwort sagen möchten. Benutzen Sie ausschließlich Symbole und Abkürzungen, deren Bedeutung Sie augenblicklich verstehen. Üben Sie mit den Karten dann so oft wie möglich vor dem Spiegel, einer Videokamera oder einem Bekannten. Dabei merken Sie automatisch, an welchen Stellen Sie noch Schwierigkeiten haben. Achten Sie außerdem darauf, ob Sie zu Verlegenheitslauten wie "Äh ..." neigen oder immer wieder die gleichen Wörter, zum Beispiel "Ja" oder "im Prinzip" sagen. Optional könnte Ihnen jemand während der Proben Karten zustecken, auf denen Handlungen notiert sind. Diesen Anweisungen, zum Beispiel den Kaffee nachzuschenken, das Fenster zu öffnen, etwas zu unterschreiben oder Ihren Namen zu wiederholen, da dieser nicht verstanden worden ist, müssen Sie dann ausführen, ohne Ihre Rede zu unterbrechen.

• Die Proben kombinieren Sie am besten bereits mit dem letzten Schritt, der Actio, sprich der Umsetzung. Im Rahmen dessen geht es vor allem um die Integration nonverbaler und paraverbaler Elemente, damit Ihre Worte lebendig werden. Obwohl Sie im Prinzip einen Monolog halten, ist es wichtig, die Rede als Form eines Dialogs zu verstehen. Seien Sie sich bewusst, dass Sie kontinuierlich auch Signale senden, die das Auditorium unterbewusst wahrnimmt, und machen Sie sich die Tricks aus dem Kapitel zur Kommunikationsfähigkeit zunutze. Am wichtigsten sind dabei eine selbstbewusste Körperhaltung und Blickkontakt. Darüber hinaus profitieren Sie von einem freundlichen Lächeln sowie einer Ausstrahlung innerer Gelassenheit. Erinnern Sie sich daran, dass Sie diese vor allem durch langsames Sprechen und natürliches Gestikulieren erreichen. Den Bühnenrand beiläufig auf- und abzugehen ist ebenfalls kein Problem. Nehmen Sie darüber hinaus die Signale Ihrer Zuhörerschaft wahr. Wenn es unruhig wird, jemand im Programmheft blättert oder auf die Uhr schaut, müssen Sie rhetorisch nachlegen. Gezielte Ansprache der Personen oder geduldiges Abwarten bis Stille einkehrt, sind beispielhafte Methoden, um die Aufmerksamkeit aller Anwesenden zurückzugewinnen.

Am besten wäre es natürlich, wenn es gar nicht erst so weit kommt. Von besonders hoher Relevanz ist dafür die Gestaltung einer interessanten Einleitung. Man könnte zwar erwarten, dass der Hauptteil aufgrund der inhaltlichen Beweisführung am wichtigsten ist. Allerdings wird Ihnen dabei niemand zuhören, wenn Sie nicht schon mit der Begrüßung das Interesse der Zuschauer geweckt oder Sympathiepunkte gesammelt haben. Oft entscheiden die ersten Worte über Erfolg oder Misserfolg einer Rede. Schon am Anfang eine angenehme Atmosphäre zu schaffen, ist nicht nur für das Verhältnis zum Auditorium unerlässlich, sondern hilft Ihnen zudem dabei, ein Gefühl von Sicherheit aufzubauen und Lampenfieber zu vertreiben. Zwar sollten Sie das Thema oder Problem bereits nennen, nehmen Sie jedoch noch keine Argumente vorweg.

- Ein gelungener Einstieg könnte zum Beispiel durch einen Witz erreicht werden, der die Stimmung lockert und eine Bindung zum Publikum herstellt. Vor allem auf Hochzeiten oder Jubiläumsfeiern bietet es sich an, die fröhlich gestimmte Runde genau dort abzuholen.
- Ähnlich funktioniert eine Danksagung zu Beginn. Genannte Personen fühlen sich wertgeschätzt und alle anderen Anwesenden vermuten in Ihnen bodenständige und wohlwollende Charaktereigenschaften.
- Vertrauen gewinnen Sie im Allgemeinen viel schneller, wenn Sie von Anfang an ein Gemeinschaftsgefühl schaffen. Einleitungen wie “Als

Steuerzahler erfahren wir jeden Tag ..." eignen sich dafür beispielsweise.

• Auch Metaphern und Geschichten, vielleicht sogar ein interaktives Live-Experiment, bringen Ihnen augenblicklich Aufmerksamkeit und wirken originell und besonders. So könnten Sie zum Beispiel eine Ja-Nein-Frage durch Aufstehen beantworten lassen und diese zu einem späteren Zeitpunkt auflösen, zum Beispiel durch Formulierungen wie "Alle, die vorhin mit Ja geantwortet haben ..."

• Auf der anderen Seite sorgen auch ernste und dramatische Einleitungen für Spannung. Harte Tatsachen zu nennen oder provokante Thesen aufzustellen, macht Lust auf mehr. Die Zuhörer wollen folglich unbedingt erfahren, womit Sie Ihren Auftakt begründen werden.

• Eine weitere Möglichkeit bieten rhetorische Fragen. Diese können ebenfalls provokativ formuliert sein, um das Publikum augenblicklich zum Mitdenken anzuregen.

• Sie können außerdem ein Versprechen machen, das Neugierde weckt. Ein solches könnte zum Beispiel mit "Wenn Sie den Saal in einer Stunde verlassen, wird Ihnen klar sein ..." eingeleitet werden. Verdeutlichen Sie den Nutzen, den die Zuhörer davon haben, Ihnen zu folgen.

• Kurze Videoclips wie ein Imagefilm oder Interview eignen sich genau wie aussagekräftige Fotos ebenfalls für einen spannenden Start.

• Möglicherweise gibt es sogar ein themenbezogenes Anschauungsobjekt, das Sie im Publikum herumreichen lassen möchten, um Neugier zu wecken.

• Das Heranführen aktueller Nachrichten und Ereignisse, die den Zuhörern bereits bekannt vorkommen, führt dazu, dass sie sich mit Ihnen identifizieren können und ein Gemeinschaftsgefühl entsteht. Dabei können Sie sich den Nachrichtenmeldungen am Morgen bedienen oder spontan Bezug auf Ihre Anreise nehmen.

- Ihr Thema mit einem Zitat von berühmten Autoritäten vorzustellen, gibt den Anwesenden das Gefühl, Sie folgen der Ansicht von Experten und lässt die Glaubwürdigkeit Ihrer Aussagen steigen.
- Es ergibt darüber hinaus Sinn, eine grobe Orientierung zu geben. Informieren Sie Ihre Zuhörer nicht nur darüber, was Sie sagen, sondern auch, welche Aspekte den Rahmen sprengen würden und nicht erwähnt werden. Es ist außerdem interessant zu wissen, ob es im Anschluss möglich ist, Fragen zu stellen beziehungsweise das persönliche Gespräch mit Ihnen zu suchen und ob ein zusammenfassendes Handout verfügbar ist.

Ihre Rede gelungen ausklingen zu lassen, ist mindestens genauso wichtig wie die Einleitung. Schließlich werden die Zuhörer mit dem Gefühl, das Sie zuletzt vermitteln, aus der Situation herausgehen. Im Optimalfall wirken Ihre Worte dann noch nach. Schließen Sie am besten mit einer persönlichen Wende wie "Ich bin froh, dass wir heute so offen über das Thema gesprochen haben." ab und nehmen Sie nochmal Bezug auf Ihre anfängliche Kernaussage. Nun ist außerdem der richtige Zeitpunkt für einen direkten Aufruf zum Handeln. Mögliche Formulierungen sind "Für Sie bedeutet das in der Zukunft ..." oder "Wenn Sie morgen zur Arbeit gehen ...". Neue Informationen sollten nicht mehr genannt werden. Fassen Sie lieber die Vorteile noch einmal zusammen, betonen Sie die Konsequenzen und weisen Sie in die Zukunft. Ein Motto zu verkünden oder einen Trost auszusprechen, sind eindrucksvollere Abschlüsse als ein herkömmliches "Vielen Dank für Ihre Aufmerksamkeit.". Die letzten Worte sollten Sie auf keinen Fall ablesen, sondern mit Überzeugung und Augenkontakt an die Zuhörer richten. Achten Sie auch darauf, dass Sie nicht erschöpft wirken, sondern noch mit derselben Energie wie zu Anfang überzeugen.

Es ergibt Sinn, Ihre Rede live aufzeichnen zu lassen, um sie im Nachhinein durch die Augen des Publikums sehen zu können. Dadurch wird besonders deutlich, wo Sie noch Verbesserungspotenzial aufweisen, aber auch, welche Dinge Ihnen bereits sehr gut gelungen sind. Vielleicht fallen Ihnen auch Sätze oder Gesten auf, die gut ankommen und in Zukunft zu Ihrem Markenzeichen werden könnten.

Im Gegensatz zu einer Rede ist ein Vortrag weniger emotional und dient ausschließlich der Wissensvermittlung. Daher lassen diese sich vor allen in Schulen, Universitäten und auf Fachkonferenzen finden. Ein umfangreicher Wissensstand reicht nicht aus, um ein guter Lehrer zu sein. Rhetorische Fähigkeiten sind unerlässlich, um die Informationsweitergabe interessant und nachhaltig zu gestalten. Die fünf Arbeitsschritte zur Vorbereitung einer Rede lassen sich auch für Vorträge und Referate bestens anwenden.

ERFOLGSGARANTIE DANK DER RICHTIGEN PRÄSENTATIONSTECHNIK

Ob emotionale Rede oder fachbezogener Vortrag: Im Zeitalter der modernen Technologie stehen Ihnen verschiedene Methoden zur Verfügung, mit deren Hilfe Sie noch eindrücklicher präsentieren können.

Eine freie Rede sollten Sie nur halten, wenn Ihr Thema überschaubar ist und die Zusammenhänge eng miteinander in Verbindung stehen. Dann ist in der Regel keine Veranschaulichung nötig. Wenn Sie jedoch länger als 20 Minuten vortragen werden, wird es den Zuhörern schwerfallen Ihnen, ohne zusätzlichen Reiz, zu folgen. Außerdem sollten Sie möglichst auf das Nennen vieler Daten verzichten und stattdessen eher auf eine spannende Erzählweise mit vielen sprachlichen Bildern setzen. Die größten Vorteile dieser Methode sind, dass, abgesehen von dem eigenen Redemanuskript, kaum Vorbereitung nötig ist und dass das Risiko technischer Probleme entfällt. Allerdings kann das wertvolle Phänomen des Lernens über mehrere Sinneskanäle nicht genutzt werden. Daher eignet sich das freie Sprechen vor allem für emotionale Festreden, bei denen das Vermitteln von Fakten nicht von Bedeutung ist und die Unterhaltung im Vordergrund steht. Für ein wenig Abwechslung können übersichtliche Folien für den Overhead-Projektor oder eine Wandtafel genutzt werden, um die wichtigsten Fakten und veranschaulichende Grafiken visuell festzuhalten. Ein Handout, also ein zusammenfassendes Skript, zeugt von Professionalität und gibt den Zuhörern die Chance, die Inhalte im Nachhinein in Ruhe zu wiederholen. Allerdings sollten Sie dies unbedingt erst am Ende Ihres Vortrags austeilen, damit sich währenddessen noch konzentriert wird.

Eine weitere Möglichkeit ist die Erstellung eines Flipcharts. Für gewöhnlich wird ein großer Papierblock auf einem Gestell benutzt, um während des Vortrags die wesentlichen Punkte zu notieren. Vor allem in kleineren Gruppen, beispielsweise im Rahmen eines Workshops, eignet sich diese Methode besonders gut. Die Besonderheit an Flipcharts ist, dass sie viel Spontanität und Interaktion erlauben. Die Zuhörer können den Entstehungsprozess von Grafiken und Thesen schrittweise nachvollziehen und ihre eigenen Ideen im Brainstorming einbringen. Das steigert Motivation und Aufmerksamkeit und führt letztlich auch dazu, dass sich die Inhalte besser einprägen. Achten Sie unbedingt auf eine leserliche Handschrift und verwenden Sie treffende Schlagwörter, um die Inhalte möglichst kurz zusammenzufassen. Falls Sie komplexe Diagramme darstellen möchten, bietet es sich an, diese im Voraus vorzubereiten, sodass Sie während der Präsentation nur die wichtigsten Eckdaten ergänzen müssen. Es gibt auch spezielles Flipchart-Papier mit Hilfslinien.

Darüber hinaus können verschiedene Farben für einen noch besseren Überblick sorgen. Ein großer Vorteil ist, dass Sie als Redner im Mittelpunkt bleiben und durch das spontane Handeln besonders authentisch wirken. Behalten Sie jedoch die Relevanz nonverbaler Kommunikation im Hinterkopf und wenden Sie Ihrem Publikum nicht den Rücken zu, um etwas anzuschreiben, wenn Sie noch sprechen. Wenn Sie erst ausreden und dann schreiben, schafft das eine natürliche Pause, während der jeder die Möglichkeit hat, Gesagtes zu verinnerlichen. Außerdem sind Flipcharts nicht von funktionierender Technik abhängig und die einzelnen Blätter können aufbewahrt werden, sodass im Nachhinein auf die gemeinsamen Fortschritte zurückgegriffen werden kann. Das ist vor allem hilfreich, wenn Gruppensitzungen über mehrere Tage verteilt stattfinden. Bei größerem Publikum und umfangreichen Themen sollte eher von Flipcharts abgesehen werden. Wenn zu viele Blätter benutzt werden, stört das häufige Umblättern und es wird unübersichtlich. Ein großer Papierverbrauch sollte zudem im Interesse der Umwelt vermieden werden.

Letzteres ermöglichen fortschrittliche Technologien wie PowerPoint-Präsentationen. Sie sind quasi die moderne Version eines Overhead-Projektors. Folien lassen sich im Voraus am Computer vorbereiten und werden letztlich über einen großen Fernsehbildschirm übertragen oder mittels Beamer auf eine Leinwand projiziert. Das Programm zur Erstellung ist Teil des Microsoft Office-Pakets, kann aber auch einzeln gekauft werden. Darüber hinaus existieren Online-Versionen, beispielsweise im Rahmen eines Accounts bei outlook.com, bei denen keine Kosten anfallen. Für MacBook-Nutzer ist Keynote die gängigste und kostenfreie Alternative. Diese Präsentationen lassen sich sogar mit dem iPhone als Fernbedienung steuern. Wenn sie auf anderen Betriebssystemen abgespielt werden, müssen sie allerdings erst zu einem anderen Format konvertiert werden. Eine weitere Option ist Google Slides beziehungsweise Google Dias. Dieses Programm ist ebenfalls gratis und beinhaltet im Gegensatz zu den anderen beiden Optionen eine einzigartige Funktion. Da es auf einem Cloud-System basiert, ist es möglich, dass mehrere Anwender gleichzeitig von überall zusammen arbeiten können. Die Änderungen werden in Echtzeit für alle Beteiligten kenntlich gemacht. Das macht diese Variante zur besten Option für Team-Projekte.

Unabhängig davon, für welches Programm Sie sich letztendlich entscheiden, die Auswahl an Tools und Design-Möglichkeiten ist überwältigend groß. Gewünschte Elemente können durch Animationen hervorgehoben werden und durch das Einfügen von Tonaufnahmen, Tabellen,

Diagrammen oder externen Videos und Fotos entsteht ein abwechslungsreicher Mix aus Medien. So können komplexe Sachverhalte verständlich und vielseitig gestaltet werden. Vor allem Zahlen können durch Grafiken besser abgespeichert werden, da das Gehirn den Sachverhalt visualisiert. Außerdem haben aktuelle Forschungsergebnisse ergeben, dass die Konzentration von Zuhörern nach zehn Minuten nachlässt und durch einen anderen Reiz zurückgewonnen werden kann. Darüber hinaus verstärken Bilder und Diagramme die Glaubwürdigkeit Ihrer Botschaften enorm. Besonders professionell wirken übrigens eigenständig erstellte Grafiken. Bei der Verwendung von Fotos sollte sichergestellt werden, dass keine Urheberrechte verletzt werden und die Auflösung hoch genug ist. Bedenken Sie, dass eine Reizüberflutung ebenfalls möglich ist und es eventuell zu chaotisch auf Ihren Folien werden könnte. Seien Sie sparsam mit Animationen und Folienübergängen. Sie beanspruchen die Augen im Publikum nur unnötig. Das ist auch bezüglich der Schriftart zu beachten. Finden Sie am besten eine gut lesbare Schrift ohne Schnörkel, die Sie einheitlich verwenden können. Je nach Größe des Raums sollte sich die Größe zwischen 20 und 28 Pt. bewegen. Entscheiden Sie sich außerdem für eine Schriftfarbe, die gut auf Ihrem Hintergrund lesbar ist.

Überladen Sie Ihre Folien zudem nicht mit Informationen. Vertrauen Sie in die Kunst des Minimalismus und nennen Sie lieber Stichpunkte, die Sie als Redner genauer ausführen. So lässt sich vermeiden, dass die Präsentation auf einmal interessanter wird als Sie selbst und der Bezug zu den Anwesenden verloren geht. Die Folien sollten lediglich der Ergänzung Ihrer Worte dienen und nicht Eins-zu-eins Gesagtes wiedergeben. Schließlich möchten Sie, dass die Leser Ihnen zuhören und nicht, dass Sie mit dem Lesen Ihrer Präsentation beschäftigt sind.

Der größte Vorteil von PowerPoint-Präsentationen ist und bleibt die Ansprache verschiedener Wahrnehmungskanäle. Ein paar Nachteile gibt es allerdings auch. Methoden, die mit Technik verbunden sind, bergen immer die Gefahr, dass es zu Problemen beim Abspielen oder bei der gewünschten Abbildung von Grafiken kommt. Deswegen ist es umso wichtiger, dass Sie sich im Voraus über die Räumlichkeiten und die vorhandene Ausstattung informieren. Seien Sie etwas früher da, um Blamagen aufgrund von technischem Versagen vorzubeugen. Am besten sichern Sie Ihre Präsentation mehrfach. Eine gute Möglichkeit ist es, sie an die eigene E-Mail-Adresse zu schicken, falls der USB-Stick nicht mit dem fremden Computer funktioniert. Seien Sie außerdem insofern auf einen Notfall vorbereitet, dass Sie improvisieren und auch ohne die Präsentation vorführen können. Darüber hinaus ist die Vorbereitung von PowerPoint-Präsentationen meist sehr aufwendig und langwierig. Oft ist es nämlich gar nicht so einfach, seine Ideen verständlich und geordnet niederzuschreiben. Das endet dann darin, dass ständig Änderungen vorgenommen werden müssen. Durch strukturiertes Vorgehen können Sie eine Menge Zeit und Nerven sparen. Das Entwerfen eines sogenannten Storyboards ist eine hervorragende Vorbereitungsmöglichkeit für eine in sich schlüssige Präsentation:

- Alles, was Sie dafür brauchen, sind ein paar leere Blätter, ein Stift und eine Metaplanwand mit Stecknadeln beziehungsweise Magnete. Wenn Sie letzteres nicht besitzen, können Sie die beschrifteten Zettel auch mit Tesafilm an einer Wand befestigen.

- Legen Sie zuerst fest, wie viele Folien Sie ungefähr erstellen möchten. Die Faustregel besagt, dass pro Folie circa zwei Minuten gesprochen werden sollte. Bei einem dreißig-minütigen Vortrag wären das also etwa 15 Folien.

- Anschließend definieren Sie Ihre Kernbotschaften. Das sollten je nach Umfang Ihres Themas nicht mehr als sieben Stück sein. Jede Botschaft bildet die Überschrift eines Blattes.

- “Start” und “Agenda” sind zusätzliche Titel und auf zwei weitere

Blätter schreiben Sie "Fazit" und "Abschluss".

• Nun können Sie die vorgefertigten Zettel in der richtigen Reihenfolge an die Wand kleben. Sie können sich grob notieren, was Sie zu den einzelnen Botschaften sagen möchten und prüfen, ob für die Vollständigkeit der Beweisführung noch mehr Folien gebraucht werden. Vielleicht fallen Ihnen darüber hinaus bereits elegante Überschriften ein.

• Falls Sie Änderungen vornehmen oder etwas ergänzen möchten, können Sie die Blätter ganz einfach umhängen. So haben Sie die gesamte Struktur immer im Blick und können sich auch von anderen ein Feedback einholen, ob der Aufbau logisch nachvollziehbar ist, bevor Sie an sich an die Feinarbeit machen.

• Im nächsten Schritt befassen Sie sich mit den Details der einzelnen Folien. Skizzieren Sie Start- und Abschlussfolie Ihren Vorstellungen entsprechend. Wollen Sie Ihren Namen oder die Abteilung, in der Sie arbeiten, aufführen? Schwebt Ihnen vielleicht ein Bild oder ein Symbol vor Augen, dass sich gut mit dem Thema in Verbindung bringen lässt? Die Agenda-Folie könnte beispielsweise zur groben Gliederung Ihres Vortrags dienen oder Ihr Ziel klar und deutlich auf den Punkt bringen. Überlegen Sie sich außerdem, wie Sie Ihre Kernbotschaften am besten darstellen können. An welchen Stellen wollen Sie Textbausteine und wann lieber Grafiken oder Tabellen verwenden?

• Wenn alle Folien skizziert und in einer sinnvollen Reihenfolge sind, lassen sie sich ohne zerstreute Gedanken am Computer erstellen. Sie können direkt mit der Umsetzung und dem letzten Feinschliff beginnen, anstatt in der Struktur hin- und herspringen zu müssen.

Sie können sich inhaltlich noch so intensiv vorbereiten und die besten Rahmenbedingungen für eine reibungslose Präsentation schaffen, ein wenig Aufregung wird sich trotzdem nicht vermeiden lassen. Deswegen ist es wichtig, vor großen Reden und Vorträgen auch mentale Stärke aufzubauen.

WIE SIE AM BESTEN MIT LAMPENFIEBER UMGEHEN

Allein schon die Vorstellung, vor vielen Menschen zu reden, ist für die meisten unheimlich beängstigend. Das ist aus psychologischer Sicht völlig normal. Es zeigt, dass Sie Respekt vor dem Publikum haben und Ihre Zuschauer ernst nehmen. Dies ist eine wichtige Voraussetzung, um nicht überheblich und arrogant aufzutreten. Allerdings sollten Sie sich nicht von der Angst kontrollieren lassen und neue Herausforderungen völlig meiden.

Extrovertierten Persönlichkeiten fällt es häufig leichter, im Mittelpunkt zu stehen. Schüchterne Menschen neigen hingegen eher dazu, Versagen als einzige Möglichkeit zu betrachten, bevor Sie es überhaupt probiert haben. Tatsächlich können auch introvertierte Typen überzeugende Redner sein. Sie können die Redeangst jedoch nur überwinden, wenn Sie sich Ihr stellen. Dafür ist es wichtig, zu verstehen, wo diese eigentlich herkommt. Es handelt sich erstaunlicherweise um einen evolutionär angelegten Schutzmechanismus. In der Steinzeit war es nämlich nur den Anführern eines Stammes gestattet, vor einer großen Gruppe zu sprechen. Außerdem wurde jeder, der von der Gemeinschaft nicht akzeptiert wurde, ausgestoßen. Das bedeutete damals oft den Verlust vor Gefahren und infolgedessen in der Wildnis zu sterben. Diese tief verwurzelte Angst beeinflusst unser Handeln bis heute, obwohl wir meistens keiner realen Bedrohung ausgesetzt sind.

Rational betrachtet ist Redeangst mittlerweile völlig unbegründet und nach wenigen Minuten auf der Bühne ist die Angst wie verfolgen. Was ist schon das Schlimmste, das passieren kann? Aus Fehlern können Sie höchstens lernen. Wirklich zustoßen wird Ihnen jedoch nichts. Dennoch bringt ein wenig Lampenfieber Vorteile mit sich. Solange es unser Denken nicht völlig blockiert, lässt sich die Nervosität sogar in wertvolle Energie umwandeln. Das Adrenalin macht hellwach und funktionstüchtig. Müdigkeit und nicht-themenbezogene Grübeleien verfliegen durch die Ausschüttung der Stresshormone und versetzen den Betroffenen in eine positive Grundstimmung. So kann sich bestens auf die Aufgabe fokussiert werden. Wenn es jedoch in ein Übermaß umschlägt, kommt es zu Symptomen, die die Überzeugungskraft des Redners hemmen. Dazu gehören beispielsweise feuchte Hände, zittrige Knie, Stottern oder ein Kloß im Hals. Teilweise kann kein klarer Gedanke mehr gefasst werden und die Dinge, die ausgedrückt werden wollen, schwirren völlig durcheinander im Kopf herum. Wenn es im Voraus zu einer solch hohen Anspannung kommt, ist man nach dem Vortrag meist völlig erschöpft und muss sich erst einmal von all dem inneren Stress erholen. Dies möchte man natürlich vermeiden, weswegen Ihnen in diesem Abschnitt eine vielfältige Auswahl an Methoden zum Umgang mit Lampenfieber erläutert werden.

- Eine Menge Sicherheit wird bereits durch die intensive Vorbereitung gewonnen. Wenn Sie inhaltlich mit dem Thema vertraut sind, wird es Ihnen viel leichter fallen, frei darüber zu sprechen. Machen Sie sich außerdem unbedingt Ihren roten Faden bewusst, um im Falle eines Blackouts anhand der übergeordneten Anhaltspunkte schnell wieder einsteigen zu können. Notieren Sie sich diese ruhig auf einem kleinen Notizzettel, auf den Sie notfalls kurz spicken können. Im Publikum erwartet niemand von Ihnen, perfekt zu sein, also stellen Sie diesen Anspruch auch nicht an sich selbst.

- Je öfter Sie Ihren Vortrag durchsprechen, umso sicherer werden Sie. Dabei können Sie zudem prüfen, ob der Text Ihnen flüssig über die Lippen geht oder ob sich manche Stellen noch erzwungen und unnatürlich anfühlen. Denken Sie an die Kontrolle nonverbaler und paraverbaler

Elemente durch Ihr Spiegelbild, eine Videoaufnahme oder das Feedback von Freunden und Familie.

- Angst beginnt im Kopf. Genauso verhält es sich aber auch mit Mut. Mithilfe verschiedenster Techniken lässt sich Ihr Unterbewusstsein zum eigenen Vorteil umprogrammieren. Eine dieser Methoden nennt sich Visualisierung. Sie basiert auf der Idee, dass Szenarien, die mental intensiv durchgespielt werden, für das Gehirn als reale Erinnerung gespeichert werden. Während des Erlebens des tatsächlichen Ereignisses können diese Erinnerungen dann abgerufen werden. Dadurch entsteht die Motivation, das gleiche Ergebnis zu erzielen. Bezogen auf Ihren Vortrag würden Sie sich dementsprechend vorstellen, wie Sie diesen besonders überzeugend und sympathisch präsentieren. Konzentrieren Sie sich ruhig täglich und unmittelbar vor dem Auftritt für mehrere Minuten auf die Vorstellung des zukünftigen Gelingens. Die Wirksamkeit dieses Vorgehens konnte 1992 sogar in einer Studie von Anne Isaac nachgewiesen werden. Einige Sportler wurden dafür in zwei Gruppen eingeteilt. Diejenigen, die sich vor der Tätigkeit fünf Minuten lang mithilfe ihrer Vorstellungskraft Erfolg ausmalten, haben im Endeffekt deutlich besser abgeschnitten. Die Kontrollgruppe hatte sich ausschließlich auf physisches Training konzentriert und trotzdem eine schlechtere Leistung vollbracht.

- Ein ähnlicher Effekt lässt sich durch die sogenannte Swish-Technik erzielen. Wir neigen dazu, ein negatives Zukunftsbild zu schaffen und uns auf das zu konzentrieren, was schiefgehen könnte. Um diese Vorstellung ein für alle Male aus Ihrem Kopf zu verbannen und durch Optimismus zu ersetzen, stellen Sie sich im ersten Schritt das Szenario des Misslingens mit geschlossenen Augen vor. Ziehen Sie zunächst alle Farbnuancen heraus, bis Sie ein Schwarz-Weiß-Bild sehen. Dieses verkleinern Sie dann bis auf die Größe einer Briefmarke. Falls Sie Stimmen oder ähnliches hören, drehen Sie den Ton immer leiser. Malen Sie sich dann aus, wie Sie eine perfekte Darbietung leisten und lassen Sie dieses Bild immer größer, lauter und bunter werden, bis Sie es ganz deutlich wahrnehmen können und es das alte Bild vollständig verdeckt. Den Swish, also das Großziehen des positiven Zukunftsbilds, sollten Sie mindestens siebenmal wiederholen. Um die Wirkung zu überprüfen, versuchen Sie sich noch einmal das erste Szenario vorzustellen. Das sollte Ihnen nun deutlich schwieriger fallen!

- Sie können außerdem versuchen, negative Gedanken umzuformulieren und sie dadurch zu entmachten. "Ich bin gut vorbereitet und werde mein Bestes geben. Es wäre zwar schade, wenn nicht alles meinen Vorstellungen entsprechen verläuft, doch es wird noch weitere Gelegenheiten geben." wäre eine realistische und gesunde innere Erwartungshaltung an sich selbst.

- Dieses Prinzip lässt sich bei Bedarf zu sogenannten Affirmationen steigern. Dabei handelt es sich um selbst bejahende Sätze, die man gedanklich mehrere Male wiederholt, um das Unterbewusstsein in eine gewünschte Richtung zu lenken. Kreativität ist bei der Umsetzung jedoch nicht ausgeschlossen. Vom stillen Aufsagen über Ablesen bis hin zu verteilten Schriftzügen in Ihrer Wohnung oder fröhlichem Singen ist alles möglich. Generell gilt, dass sich der unterbewusste Lerneffekt durch Aufschreiben verstärkt. Vielleicht möchten Sie sogar Luftballons mit Ihren Bejahungen in die Luft steigen lassen? Wichtig ist nur, dass Sie die Übung regelmäßig durchführen.

Am besten eignen sich Momente, in denen Ihr Körper entspannt und das Unterbewusstsein aufnahmefähig ist. Das ist in der Regel nach Entspannungsübungen oder vor dem Schlafengehen der Fall. Affirmationen werden unter anderem für finanzielle und gesundheitliche Ziele eingesetzt, können genauso aber das Selbstbewusstsein und die Zuversicht auf einen Erfolg steigern. Zum einen ist es wichtig, dass Affirmationen in der Ich-Form und so positiv wie möglich formuliert werden. Dementsprechend würde sich anstelle von "Ich habe keine Angst" eher eine Aussage wie "Ich vertraue in meine Fähigkeiten" anbieten. Darüber hinaus müssen sie mit einer solchen Überzeugung gesagt werden, als würde der angestrebte Zustand bereits der Realität entsprechen. "Ich halte eine umwerfende Rede." ist sofort um einiges effektiver als "Ich kann eine umwerfende Rede halten." Kurze Sätze, die Ihre Intention auf den Punkt bringen, eignen sich besser als unnötig lange Aussagen. Orientieren Sie sich an Ihren Sorgen und Ängsten, um Ihr Ziel zu finden. Am besten sprechen Sie Ihre Worte ein paar Mal laut aus, um zu spüren, ob diese ein gutes Gefühl in Ihnen auslösen. Studien haben bereits bewiesen, dass Menschen sich dank Affirmationen wohler und näher bei sich selbst fühlen können.

• Erinnern Sie sich daran, dass die Atemübungen für optimalen Stimmklang gleichzeitig eine beruhigende Wirkung haben. Sie können Ihnen dabei helfen, Stress abzubauen und gelassen in den Vortrag zu starten.

• Auch die Dehnübungen zum Lösen von Verspannungen bereiten Sie bestens vor. Generell eignet sich etwas Bewegung gut, um überschüssige Energie abzubauen.

• Darüber hinaus haben sich Entspannungstechniken bewährt, um Stress zu reduzieren. Wenn Sie vor Ihrem Auftritt ständig unter Anspannung stehen, ist das Risiko eines Blackouts viel höher. Eine weitverbreitete Methode ist die progressive Muskelentspannung nach dem amerikanischen Mediziner Edmund Jacobsen. Sie kann sowohl im Sitzen als auch im Liegen für 20 bis 30 Minuten durchgeführt werden. Jeder Muskel wird für jeweils sechs Sekunden angespannt und anschließend 20 Sekunden ganz locker gelassen. Begonnen wird mit dem rechten Fuß. Nehmen Sie anschließend mit Geduld erst die Waden- und dann die Oberschenkelmuskulatur in den Fokus, bevor Sie zum anderen Bein übergehen. Es folgen die Hüftregion und der Bauch. Nach dem Rücken und den Schultern widmen Sie sich nacheinander Ihren Armen. Abgeschlossen wird mit Nacken- und Gesichtsmuskulatur. Es bietet sich an, nebenbei entspannende Musik im Hintergrund laufen zu lassen.

Außerdem gibt es auf YouTube viele PMR-Anleitungen, die Sie mit beruhigender Stimme durch die einzelnen Schritte führen. Auf den Homepages der TK-Krankenkasse und der AOK finden Sie zusätzliche Audio- und Videodateien, die vollkommen gratis sind. Die Krankenkassen Deutschland bieten ebenfalls in regelmäßigen Abständen kostenlose Kurse an.

• Generell gilt, dass Sie vor einer Rede keine üppige Mahlzeit zu sich nehmen sollten. Die Verdauungsprozesse können Sie träge und antriebslos werden lassen. Eine Kleinigkeit zu essen ist jedoch förderlich für die Konzentrationsfähigkeit. So eignen sich beispielsweise ein paar Nüsse prima als Energielieferant.

• Kaffee und Cola sollten Sie grundsätzlich verzichten. Koffein wird Ihre Aufregung nur verstärken. Genauso verhält es sich mit Alkohol. Dies kann in der Kombination mit Stress sogar schnell gefährlich oder peinlich werden, da Ihre Toleranz gegebenenfalls niedriger ist. Beruhigungsmittel sind tabu, solange sie nicht von einem Arzt beziehungsweise von einem Therapeuten verschrieben worden sind.

• Wenn Sie pünktlich am Ort des Geschehens eintreffen, haben Sie die Möglichkeit, sich bereits mit den räumlichen Begebenheiten vertraut zu machen. Viele erfahrene Redner beobachten zudem die eintreffenden Zuhörer und sprechen wenige von Ihnen sogar persönlich an. Ein wenig Small Talk beruhigt Sie und Sie können sich schon mal etwas aufwärmen. Sie könnten sich beispielsweise danach erkundigen, was das Publikum besonders interessieren könnte. Bekannte Gesichter werden während Ihres Vortrags zum Publikums-Anker für Situationen, in denen Sie das Bedürfnis nach Sicherheit bekommen. Dafür können Sie sich auch während der Präsentation freundliche Gesichter suchen, die Ihnen ein Gefühl von Vertrautheit geben.

• Der altbekannte Trick, sich die Zuhörer nackt vorzustellen, funktioniert für manche noch immer. Es wird Ihre Stimmung auf jeden Fall etwas heben und Sie optimalerweise etwas entspannen.

- Haben Sie auf jeden Fall immer ein Glas Wasser griffbereit, falls es zu einem Kloß im Hals kommt oder Ihre Stimme trocken wird. Es empfiehlt sich, dies nur bis zur Hälfte zu füllen, um nichts zu verschütten und einen Platz zu finden, an dem es nicht umfallen kann.

- Darüber hinaus ergibt es Sinn, ein Stofftaschentuch mitzubringen, mit dem Sie sich gegebenenfalls Schweiß aus dem Gesicht tupfen können. Papier hinterlässt im Gegensatz dazu oft Flocken auf der Haut.
- In dieser Hinsicht sollten Sie auch die Wahl Ihrer Kleidung überdenken. Am besten tragen Sie ein weißes oder schwarzes Oberteil, auf dem peinliche Feuchtigkeitsflecken nicht sichtbar sind. Statt Synthetik sollten Sie lieber zu Baumwolle greifen und allgemein darauf achten, dass Ihre Kleidung locker und luftdurchlässig ist. Neben Deodorants bieten sich Körperpuder an.

- Als Frau können Sie mattierendes Make-up oder Puder auftragen, um roten Verfärbungen Ihrer Wangen entgegenzuwirken. Männer können mit einem möglichst bunten Schlips einen ablenkenden Kontrast schaffen.

- Die Nervosität ist meistens unmittelbar vor Beginn des Vortrags am stärksten. Achten Sie darauf, die Bühne bereits mit festen Schritten zu betreten und nehmen Sie eine selbstsichere Haltung ein, die sich nach und nach auch in Ihrem Inneren ausbreitet.

- Amy Cuddy ist eine amerikanische Sozialpsychologin an der Harvard Business School. Sie hat herausgefunden, dass High-Power-Posen beziehungsweise Siegerposen das Selbstbewusstsein augenblicklich durch einen Anstieg von Testosteron steigern. So können Sie vor einer Präsentation beispielsweise die Superman- oder Wonder Woman-Pose einnehmen. Stemmen Sie dafür im schulterbreiten Stand die Hände in die Hüften. Ziehen Sie die Schultern leicht nach hinten, sodass die Brust und das Kinn sich heben. Alternativ können Sie eine Faust wie ein triumphierender Superheld in die Luft strecken. Eine weitere Option ist die Siegerhaltung. Dabei werden die Arme in die Höhe geworfen. Machen Sie sich groß und stellen Sie sich vor, soeben den ersten Platz in einem Marathon erlaufen zu haben. Die Obama-Pose ist eine etwas gemütlichere Variante und trotzdem genauso effektiv. Legen Sie die Füße hoch und verschränken Sie die Arme lässig hinter dem Kopf. Jede Haltung sollte für etwa zwei Minuten eingenommen werden. Die Wirkung ist bei der Ausführung vor einem Spiegel übrigens noch stärker.

• Neigen Sie dazu, unter Aufregung zitternde Gliedmaßen zu bekommen? Natürliches Gestikulieren hilft Ihnen dabei, Ihre Arme und Beine beschäftigt zu halten. Das beruhigt meistens schon ungemein. Zur Begrüßung können Sie zum Beispiel bereits die Arme ausbreiten. Es kann auch helfen, sich die erste Minute am Pult festzuhalten oder abzustützen. Nach einer Weile sollten Sie jedoch loslassen und Ihre Körpersprache zum Einsatz bringen.

• Falls Sie einen Glücksbringer haben, der Ihnen ein gutes Gefühl gibt, scheuen Sie nicht davor, diesen mit sich zu führen. Solange Sie an die Wirkung glauben, wird Ihre Angst unterbewusst automatisch ein wenig reduziert.

• Außerdem eignet sich Musik unglaublich gut, um möglichst schnell gewünschte Emotionen hervorzurufen. Ein Lied, das Ihr Wohlbefinden aufgrund der Verbindung mit schönen Erinnerungen hebt, kann Sie augenblicklich in die richtige Stimmung bringen. Am besten wärmen Sie Ihre Stimme gleichzeitig auf und singen so laut wie möglich mit!

• Möglicherweise haben Sie auch bestimmte Erfolgserlebnisse aus der Vergangenheit noch vor Auge, die Sie sich wieder bewusst machen können, um sich an Ihre Fähigkeiten zu erinnern. Dieses Konzept nennt sich Ankern. Dabei beschreibt der Anker einen Reiz, der bei einem Menschen immer die gleiche Reaktion hervorruft. Es ist eine Fortsetzung des Prinzips der klassischen Konditionierung nach dem russischen Mediziner

Iwan Pawlow. Dieser hatte in seinem recht bekannten Experiment beobachtet, dass Hunde bereits anfangen zu speicheln, wenn Sie die Glocke hören, die für gewöhnlich vor der Gabe von Futter geläutet wird. Diese neurologische Verbindung zwischen Reiz und Reaktion können Sie sich zunutze machen. Versetzen Sie sich in eine Situation, in der Sie besonders selbstbewusst gewesen sind. Kurz vor dem Höhepunkt Ihres gedanklichen Erlebens setzen Sie einen Anker. Das kann zum Beispiel durch das Ballen der Hände zu einer Faust und dreimaligem Zudrücken erfolgen. Wenn Sie nervös sind, rufen Sie den Anker mit der gekoppelten Geste wieder hervor, um die förderliche Gefühlsreaktion wiederherzustellen.

Falls Sie sich doch einmal versprechen oder einen Blackout bekommen sollten, geraten Sie nicht in Panik. Wie sie darauf reagieren ist viel entscheidender als der kleine Fehler selbst. Grundsätzlich wird es als sympathisch empfunden, wenn Sie sich selbst nicht zu ernst nehmen. Ein ehrliches Eingeständnis ist meist der sicherste Weg, um die Ruhe zu bewahren. Sie können die Zuhörer zum Beispiel mit der Frage "Bei welchem Punkt sind wir stehen geblieben?" miteinbeziehen und so gleichzeitig deren Aufmerksamkeit steigern. Entweder antwortet Ihnen tatsächlich jemand mit einem Zuruf oder Sie sind inzwischen von selbst zur Antwort gekommen und können eine humorvolle Überleitung finden. Scheuen Sie außerdem nicht davor zurück, kurz zu schweigen oder einen Schluck Wasser zu trinken. Die Stille ist für beide Seiten angenehmer als der krampfhafte Versuch, sinnvolle Sätze zu bilden. Wahrscheinlich werden die Zuhörer nicht einmal einen Blackout, sondern eine bewusste Pause vermuten. Unabhängig davon, wie sich Lampenfieber für gewöhnlich bei Ihnen äußert, das beste Gegenmittel ist trotz der Angst auf Bühnen zu gehen, aus Fehlern zu lernen und sich mit der Zeit an die Situation zu gewöhnen. Vollständig wird die Aufregung nie verfliegen. Selbst die professionellsten Redner verspüren vor Ihren Auftritten noch ein Kribbeln im Bauch.

NIE WIEDER SPRACHLOS BEI KRITISCHEN EINWÄNDEN

Fragen und Bemerkungen aus dem Publikum können besonders schnell dazu führen, dass Sie sich verunsichert fühlen. In diesen Situationen ist es wichtig, professionell zu reagieren und nicht die Fassung zu verlieren, damit Ihre Glaubwürdigkeit erhalten bleibt. Solche Momente werden oft von einer lähmenden Schrecksekunde begleitet. Dann möchte man am liebsten sofort kontern und seine Meinung verteidigen. Sobald Sie in eine Rechtfertigungshaltung abrutschen, macht es jedoch den Eindruck, dass Sie sich von dem Vorwurf bedroht fühlen. Deswegen ergibt es meistens Sinn, sich erst einmal Zeit zu verschaffen:

- Das gelingt Ihnen durch Reaktionen wie “Das ist eine interessante Frage.” Wenn Sie kurz innehalten und Ihre Antwort überdenken, bekommen die Zuhörer außerdem das Gefühl, dass Sie reflektiert abwägen.
- Andernfalls ist es auch möglich, direkte Rückfragen zu stellen. Sie könnten sich zum Beispiel durch ein “Wie müsste es Ihrer Meinung nach aussehen?” nach dem Lösungsvorschlag des Gesprächspartners erkundigen. Wenn Unklarheiten bestehen, machen Sie sich dies durch Definitionsfragen wie “Was verstehen Sie genau unter ...?” zunutze. Genauso ergibt es Sinn, nach dem höheren Ziel zu fragen. Eine beispielhafte Formulierung wäre “Ist das wichtig für ...?”. Vielleicht gelingt es Ihnen auch, die verdeckten Gefühle des Angreifers zu erkennen und Sie können darauf mit einem “Sie scheinen ...” eingehen.
- Es wirkt ebenfalls besonders kompetent, mit einem Zitat oder einer Redewendung zu kontern, die zum Nachdenken anregen. Wenn Sie sich eine Zitatensammlung zulegen und sich Ihre Favoriten einprägen, werden Sie mit Sicherheit einen passenden Konter parat haben.
- Des Weiteren führt es schnell zu Verunsicherung des Gegenübers, wenn Sie lachend reagieren und mit Humor und Selbstironie den Angriff

entschärfen.

Zeigen Sie sich niemals störanfällig und werden Sie bloß nicht nervös. Derartige Ereignisse sollten immer als Chance und niemals als Kampf, bei dem eine Seite recht haben muss, betrachtet werden. Heißen Sie die Einwände immer willkommen und verzichten Sie auf nonverbale und paraverbale Elemente, die Überlegenheitsgefühle ausdrücken könnten. Gehen Sie stattdessen souverän und gelassen auf die Gegenseite ein. Im Optimalfall können sie das Gegenargument sogar nutzen, um Ihre eigene Position zusätzlich zu stärken. In Hinblick darauf ist Wissen die beste Waffe. Wenn Sie Ihr Gegenüber mit Fakten und Zahlen ganz klar korrigieren können, bleibt diesem nicht mehr viel zu sagen übrig und Sie stehen noch besser da als zuvor. Es ist ratsam, sich ein Reserveargument aufzuheben, dass Sie in kritischen Situationen zum Beispiel durch "Aber einen Aspekt haben wir bisher noch gar nicht in Betracht gezogen." ankündigen können. Vielleicht fällt Ihnen auch ein Lösungsansatz für die Zukunft ein, mit der sich beide Standpunkte miteinander vereinbaren lassen würden. Am besten überlegen Sie sich bereits vor Ihrem Vortrag potenzielle Angriffspunkte und erstellen eine Liste mit Ihren Antwortmöglichkeiten. Falls es Ihnen nicht möglich ist, gekonnt auf die Bemerkung einzugehen, weichen Sie aus, ohne das Gefühl zu vermitteln, den Beitrag nicht ernst zu nehmen.

- Sie können zum Beispiel Ihre Bereitschaft zu einem persönlichen Gespräch nach dem Vortrag anbieten und darauf verweisen, dass Sie nicht zu weit vom Thema abschweifen wollen.
- Eine weitere Möglichkeit wäre das Weitergeben der Frage ins Plenum, um sich Bedenkzeit zu verschaffen. Nach dem Austausch können Sie dann eine elegante Überleitung zurück zu Ihrem Vortrag einfädeln.
- Der Angriff wird außerdem automatisch in Luft aufgelöst, wenn Sie ganz unerwarteterweise zustimmen oder es einfach so stehen lassen.

Das gelingt Ihnen durch Antworten wie "Das haben Sie gut beobachtet.", "Das werde ich mir noch überlegen.", "Daran werden Sie sich gewöhnen dürfen" oder ein schlichtes "Danke für Ihre Meinung."

- Falls die Einwände unangebracht sein sollten, steht es Ihnen durchaus zu, dies durch eine selbstbestimmte Antwort wie "Auf eine unsachliche Frage werde ich nicht antworten." zum Ausdruck zu bringen. Besonders eindrucksvoll ist es auch, wenn Sie den Angreifer um ein privates Gespräch bitten. Sie können ihn fragen, ob er nach dem Vortrag vielleicht drei Minuten Zeit für Sie hätte, da Sie ihn gern unter vier Augen sprechen würden. In den meisten Fällen entschuldigt sich der andere dann bereits von sich aus für sein Benehmen, wenn Sie mit ihm allein sind.

Damit sind wir nun schon im Übergangsbereich zur dialogischen Rhetorik. Diese ist in der Regel sogar noch anspruchsvoller als ein Monolog, da unmittelbar auf die Reaktionen und Aussagen des Gesprächspartners eingegangen werden muss.

Dialogische Rhetorik – Wie Alltagsgespräche kunstvoll gemeistert werden

ZU EINEM BELIEBTEN GESPRÄCHSPARTNER WERDEN

Kennen Sie diese Menschen, denen es leicht zu fallen scheint, auf andere zugehen? Sie glänzen in Einzel- und Gruppengesprächen und scheinen eine magische Anziehungskraft an sich zu haben, die dazu führt, dass jeder es genießt, sich mit ihnen zu unterhalten. Wenn man sich in der Umgebung von einem Menschen wohlfühlt, liegt es unbekannterweise häufig an der Sprache. In diesem Sinne wirken rhetorische Fähigkeiten wie weitere attraktive Eigenschaften. Vielleicht denken Sie, dass Sie niemals so jemand sein könnten und bisher sind Gespräche irgendwie nie so verlaufen, wie Sie es gern gehabt hätten. Wenn man nicht auf dieselbe Wellenlänge mit jemandem kommt, können ziemlich unangenehme Momente entstehen. Diese führen letztlich dazu, dass man sich aus Angst vor weiteren Blamagen immer mehr zurückzieht.

Schätzungen zufolge sind unter 100 Menschen 33 nervös, wenn sie mit anderen Menschen kommunizieren. Darunter leiden sieben Personen sogar an einer sozialen Phobie, also einer dauerhaften Angst, von seinen Mitmenschen als peinlich empfunden zu werden. Dann kommt es häufig dazu, dass soziale Interaktionen vollkommen gemieden werden, was mit enormen Einschränkungen des Alltags einhergeht. So können Betroffene zum Beispiel nicht ihrem wahren Berufswunsch nachgehen oder niemals das Gespräch zu ihrem jahrelangen Schwarm suchen. In den meisten Fällen liegt solchen Ausmaßen Schüchternheit zugrunde. Studien vermuten, dass etwa die Hälfte der deutschen Bevölkerung damit zu kämpfen hat. Ist die Vorstellung, dass sich so viele Menschen ständig Ihr wahres Selbst zurückhalten und aus unbegründeter Angst darauf verzichten, das Leben zu leben, von dem sie insgeheim träumen? Entgegen den Erwartungen ist Schüchternheit keine festgelegte Charaktereigenschaft und lässt sich abgewöhnen. Dafür müssen die Momente, in denen mögliche Szenarien der Blamage die Gedanken dominieren, erkannt werden. Die Horrorvorstellungen hindern Betroffene daran, sich wirklich auf das Gespräch zu konzentrieren und führen zu körperlicher Unruhe. Es ist dann wichtig, sich bewusst zu machen, dass das Gegenüber gedanklich mit hoher Wahrscheinlichkeit selbst damit beschäftigt ist, möglichst gut dazustehen. Sonst kommt es nur dazu, dass man sich in die Sorgen hineinsteigert und immer nervöser wird. Am besten überwinden Sie Schüchternheit in kleinen Schritten, die Ihnen Erfolgserlebnisse einbringen.

Durch praktisches Lernen wird Ihnen am ehesten bewusst werden, dass es gar nicht so schlimm ist, Menschen anzusprechen und nicht so viel schiefgehen kann, wie man sich ausmalt. Sie können zum Beispiel damit beginnen, aus Ihrer Komfortzone herauszukommen, indem Sie jemanden nach dem Weg oder nach der Uhrzeit fragen, einem Fremden zulächeln und vielleicht sogar ein Kompliment machen. Sprachkurse und Teamsportarten eignen sich ebenfalls super, um neue Leute kennenzulernen und sich darin zu üben, sich Unbekannten zu öffnen.

Dabei lässt es sich nicht vermeiden, Small Talk zu führen. Das kann zwar unangenehm verlaufen, mit ein paar Tricks lässt es sich jedoch auch ungezwungen und erfrischend gestalten. Der amerikanische Psychologe Leonard Zunin hat in seinen Nachforschungen herausgefunden, dass Small Talk mindestens vier Minuten lang gehalten werden sollte, damit man nicht kurz angebunden wirkt. Oft kann dies auch als Sprungbrett zum "Big Talk" dienen, sobald man miteinander warm geworden ist. Gelegenheiten zum Üben ergeben sich in Wartezimmern, auf Straßenfesten, Festivals oder Partys, Kunstausstellungen und Seminaren.

Generell sind Menschen oft ablehnend, wenn sie sich auf dem Heimweg, zum Beispiel wartend an einer Bushaltestelle, befinden.

- Neben dem Wetter bietet es sich immer an, die Umgebung als Gesprächsthema anzuführen. Auch aktuelle Ereignisse in der Welt, Essen oder neue Filme bieten sich an. Grundsätzlich sollte darauf verzichtet werden, über andere Leute herzuziehen. Das wirft sofort ein schlechtes Licht auf Ihre Person und wird nicht dazu führen, dass man sich Ihnen öffnen möchte. Stattdessen könnten Sie zum Beispiel um einem Ratschlag bitten, sodass Ihr Gegenüber das Gefühl hat, seine Meinung sei Ihnen wichtig. Versuchen Sie, das Gespräch gezielt in Richtungen zu lenken, die Sie thematisch beherrschen. Vielleicht sind dies bestimmte Urlaubsziele, Sportarten oder Bücher, Filme und Serien. Anhand der Reaktionen können Sie erkennen, ob das Thema auch für Ihr Gegenüber interessant ist und es zur Not wechseln.

- Wenn Sie merken, dass Ihr Gesprächspartner viel zu etwas zu sagen hat, haken Sie ruhig weiter nach und stellen Sie offene Fragen. Diese fördern den Gesprächsfluss im Gegensatz zu Alternativfragen, die nur zwei Antwortmöglichkeiten innehalten, sowie geschlossenen Fragen, die nur mit Ja oder Nein beantwortet werden können. Offene Fragen, die meistens mit "Wie", "Was" oder "Warum" beginnen, zeigen Interesse und schaffen viel Freiraum für die nachfolgende Antwort.

- Lassen Sie Gesprächspausen zu und genießen Sie das Schweigen. Peinlich wird es erst, wenn krampfhaft versucht wird, neue Ideen anzubringen. Führen Sie währenddessen auch keinen inneren Dialog darüber, wie unangenehm die Situation ist. Das blockiert nur das natürliche Aufkommen eines neuen Themas.

- Finden Sie im Laufe des Gesprächs heraus, ob sich beide Seiten auf eine tiefergehende Ebene begeben wollen oder entschuldigen Sie sich höflich, um den Small Talk zu beenden, wenn das nicht der Fall sein sollte.

Besonders aufregend ist es, wenn wir jemanden ansprechen möchten, den wir attraktiv finden. Aber auch flirten kann gelernt werden und ist gar nicht so schwierig, wie Sie vielleicht denken. Grundsätzlich sollten Sie eine Abweisung in Betracht ziehen und es nicht persönlich nehmen, wenn es dazu kommen sollte. Es kann viele Gründe in dem Leben der Person geben, die sie dazu veranlasst haben und überhaupt nicht auf Sie zurückzuführen sind. Haben Sie ruhig den Mut, öfter Menschen anzusprechen, die Ihnen gefallen, und probieren Sie, abgesehen von den bereits erwähnten Small Talk-Strategien, doch ein paar dieser Eisbrecher aus:

- Komplimente sind grundsätzlich ein guter Einstieg für einen Flirt. Allerdings sollte es nicht zu aufdringlich, sondern eher beiläufig gesagt werden. "Mir ist aufgefallen ..." ist zum Beispiel eine ehrliche Formulierung, die weniger gekünstelt wirkt.

- Vielleicht haben Sie auch etwas bezüglich der Körpersprache der Person bemerkt, worauf Sie Bezug nehmen können. Wenn die Person zum Beispiel besorgt oder wütend aussieht, können Sie ein offenes Ohr anbieten.

- Mit einem guten Sinn für Humor aufzutreten, bedarf zwar etwas Feingefühl, macht jedoch ebenfalls oft einen guten ersten Eindruck. In einer Bar könnten Sie sich mit einer Frage wie "Trinken Sie eigentlich immer so viel?" einen provokanten Scherz erlauben und die Person zum Lachen bringen.

- Darüber hinaus ist es immer erfrischend, mit etwas altmodischen Varianten Anstand zu beweisen. Bitten Sie direkt darum, sich dazusetzen zu dürfen oder die Person für ein gemeinsames Getränk beziehungsweise einen kurzen Spaziergang entführen zu dürfen.

- Es ergibt Sinn, im Voraus ein paar Fragen auszuarbeiten, die Sie in der akuten Situation stellen können. Achten Sie dabei darauf, dass es Dinge sind, die Sie generell interessieren, sodass Sie anschließend authentisch Bezug zu der Antwort nehmen können. Mögliche Formulierungen könnten zum Beispiel lauten "Was sind deine Ziele im Leben?", "Wo siehst du dich in den nächsten fünf Jahren?", "Was ist deine liebste Kindheitserinnerung?" oder "Welches Lied bringt dich augenblicklich zum Strahlen?"

Abgesehen davon, dass Sie eine möglichst selbstbewusste und zugewandte Körperhaltung einnehmen und Blickkontakt halten sollten, achten Sie auch auf die nonverbalen Signale Ihres Gegenübers. Anhand derer lassen sich viele Rückschlüsse ziehen, inwiefern Sie mit einem Erfolg rechnen können. Wenn Frauen sich geschmeichelt fühlen und Interesse an Ihnen haben, werden Sie beobachten können, dass diese mit ihren Haaren spielen, viel lächeln, auf der Lippe kauen und sie beiläufig berühren. Außerdem neigen Sie dann dazu, Ihnen lange und intensiv in die Augen zu schauen. Schlechte Signale sind zusammengepresste Lippen und ein aufgesetztes Lächeln. Wenn sie ihren Blick senken, eher ausweichen oder durch Sie hindurchzuschauen scheinen, weist das ebenfalls ganz deutlich auf Desinteresse hin. Letzteres trifft auch auf Männer zu. Diese könnten darüber hinaus ihre Arme verschränken, körperlichen Abstand halten und sich von Ihnen abwenden. Wenn sie hingegen auch Gefallen an Ihnen finden, werden sie verstärkt Ihre Nähe suchen und sich über die Lippen lecken.

Sowohl für erfolgreiches Flirten als auch in Hinblick auf jede andere erdenkliche Kommunikationssituation, lohnt es sich, das Prinzip des aktiven Zuhörens anzuwenden. Rhetorik hat viel damit zu tun, sich selbst ein Gehör zu verschaffen. Sich gut durchsetzen zu können und ständig selbst zu Wort kommen, kann jedoch dazu führen, dass Sie sich als Gesprächspartner unbeliebt machen. Deswegen ist es mindestens genauso wichtig, auch zuhören zu können. Die Wahrscheinlichkeit ist hoch, dass Sie im Gegensatz zu den meisten Menschen, die immer nur selbst reden möchten, als besondere Ausnahme in Erinnerung bleiben. Aktives Zuhören erfordert, wie der Name schon sagt, Aktivität des Zuhörenden. Es wird gefordert, die volle Aufmerksamkeit für sein Gegenüber aufzubringen. Nehmen Sie sich bewusst Zeit für die Konversation und bitten Sie gegebenenfalls um fünf Minuten, wenn Sie vorher noch etwas abschließen wollen. Dadurch signalisieren Sie, dass Sie wirklich interessiert und bereit dazu sind, im Anschluss nur für den anderen da zu sein. Es ist außerdem absolut tabu, nebenbei am Handy zu spielen oder die Gedanken anderweitig abschweifen zu lassen. Zwar sollten Sie Ihr Gegenüber nicht ununterbrochen anstarren, generell ist Blickkontakt aber gewünscht und es sollte nicht wild in der Gegend herumgestarrt oder Ausschau nach einem besseren Gesprächspartner gehalten werden.

Sehr häufig hören Menschen auch nur zu, um anschließend darauf reagieren zu können. Mit anderen Worten heißt es, dass Sie genauso in eine passive Rolle rutschen, sobald Sie gedanklich bereits Ihre Antwort planen. Im Zuge dessen ist wichtig, innerlich eine möglichst urteilsfreie Haltung einzunehmen. Es sollte in erster Linie nur darum gehen, Informationen wahrzunehmen, um die gesendeten Botschaften bestmöglich zu verstehen. Dadurch entsteht eine wohlwollende Atmosphäre, in der sich Ihr Gesprächspartner viel wohler dabei fühlt, sich zu öffnen. Es beugt außerdem Missverständnissen und hitzigen Diskussionen vor, weswegen aktives Zuhören auch in Konfliktsituationen unverzichtbar ist. Gesprächspausen sollten ausgehalten werden, damit der andere sich ermutigt dazu fühlt, alle Gedanken und Gefühle zu offenbaren. Sie sollten tendenziell eher wenig sagen. Ein zustimmendes "Ich verstehe" oder Laute wie "Hm" und Kopfnicken sind wiederum förderlich und signalisieren, dass Sie das Gespräch konzentriert verfolgen.

In Meetings oder Besprechungen wird derselbe Effekt erreicht, wenn Sie sich an besonders wichtigen Stellen Notizen machen. Genauso ist es ratsam, Nachfragen zu stellen, um Interesse auszudrücken und das Gesamtbild noch besser zu erfassen. Darüber hinaus bietet es sich an, zu paraphrasieren. Das bedeutet, das bereits Gesagte noch einmal in eigenen Worten wiederzugeben, um den Inhalt auf der sachlichen Ebene darzustellen. Versuchen Sie, die Kernaussage des anderen mit einer Frage wie "Verstehe ich es richtig, dass ...?" auf den Punkt zu bringen. Eine ähnliche Methode ist das Verbalisieren. Dies zielt jedoch eher auf die Gefühlsebene ab. Verborgene Botschaften zwischen den Zeilen sollten einfühlsam mithilfe von Ich-Botschaften wie "Ich habe das Gefühl, dass du/Sie ..." zum Vorschein gebracht werden. Gleichermaßen können nonverbale Reaktionen des anderen hinterfragt werden, wenn Sie beispielsweise bemerken, dass Ihr Gegenüber nervös mit den Fingern herumspielt.

Sogenannte "Killerphrasen", sprich Sätze, die sofort als unangenehm empfunden werden, sollten Sie unbedingt vermeiden. Dazu gehören zum Beispiel Gesprächsführungen, die eher an ein Verhör erinnern. Interesse zeigen ist vorteilhaft, doch blanke Neugier wirkt schnell respektlos. Darüber hinaus kann es nach hinten losgehen, ungebeten Ratschläge zu verteilen und ständig von der eigenen Lebensweisheit zu prahlen. Vorwürfe wie "Hätten Sie doch lieber ..." haben vor allem in Anwesenheit von mehreren Personen den Effekt, dass Ihr Gesprächspartner sich vorgeführt fühlt. Besonders konstruktiv sind zudem Bagatellisierungen, dazu gehören zum Beispiel "Ach, das wird schon wieder." oder "So schlimm kann das doch gar nicht sein."

Um Vertrauen noch schneller zu gewinnen und qualitativere Gespräche zu führen, eignen sich die sogenannten NLP-Techniken. NLP steht für "Neurolinguistisches Programmieren". Es geht also um die systematische Veränderung der Wahrnehmung mittels Sprache. Das Kommunikationsmodell wurde in den 70er Jahren von den Wissenschaftlern Richard Bandler, John Grinder und Frank Pucelik entwickelt. Alles begann damit, dass sie herausfinden wollten, wie einzelne Therapeuten so herausragende Erfolge mit der Behandlung ihrer Patienten erreichten. Die Muster, die beobachtet werden konnten, wurden festgehalten und verfeinert, bevor sie im Rahmen von Untersuchungen an Studenten auf die Probe gestellt wurden. Die Erkenntnisse, die sich als effektiv erwiesen haben, wurden letztendlich in das finale Modell aufgenommen.

Ein wichtiger Ansatzpunkt für die Ausführung der Methoden ist das Schaffen eines Rapports. Man versteht darunter die Basis für zielgerichtete Kommunikation. Damit ist im Prinzip genau das gemeint, wovon wir sprechen, wenn wir sagen "Wir haben einen Draht zueinander." Ziel ist es, dem Gegenüber über diesen metaphorischen Draht in seinem Erleben der Welt zu begegnen und ihn gegebenenfalls auch darüber in gewünschte Richtungen zu führen. Durch den Rapport steht man nämlich in enger Verbindung zu dem Unterbewusstsein des anderen. Er entsteht in der Regel, wenn zwei Gesprächspartner sich bewusst oder unbewusst in ihrem Kommunikationsverhalten angleichen. Wenn man sich einander sympathisch ist, kann dies passieren, ohne dass man es bemerkt. Mithilfe der NLP-Methoden soll diese Anpassung ganz gezielt vorgenommen werden, um den Rapport herzustellen und damit unter anderem Anziehungskraft, Vertrauen und Sympathie hervorzurufen.

Der erste Schritt für den Aufbau einer Brücke zum Unterbewusstsein des Gesprächspartners wird unter dem Begriff "Kalibrieren" zusammengefasst. Darunter versteht man die Sensibilisierung der Wahrnehmung für Verhaltensäußerungen des Gegenübers. Anhand der noch so kleinen nonverbalen Signale soll der innere Zustand der Person erkannt werden. Sie könnten dadurch zum Beispiel erkennen, ob Ihr Gesprächspartner Ihren Worten bereits Glauben schenkt oder ob Sie noch überzeugender werden müssen.

Um Ihr Feingefühl dafür zu schärfen, können Sie ganz gezielt mit Ihren Freunden üben. Dafür würde Person A etwa eine Minute lang erst an eine Person denken, die er besonders mag und anschließend an jemanden, den er nicht wirklich ausstehen kann. Es sollte sich dabei eine möglichst lebendige Erinnerung vor Augen gerufen werden. Person B achtet währenddessen ganz genau auf jede erdenkliche Körperreaktion. Dazu gehören unter anderem die Atmung, der Gesichtsausdruck und die Verfärbungen der Haut. Danach stellt Person B Fragen wie "Wer von den beiden Menschen, an die du gedacht hast, hat blonde Haare?" oder "Wen hast du von ihnen zuletzt gesehen?". Person A beantwortet die Fragen allerdings nicht verbal, sondern ruft sich erneut die Erinnerung an den Menschen vor Augen. Person B muss dann anhand des nonverbalen Ausdrucks erraten, um wen es sich handelt.

Auf das Kalibrieren folgt der Prozess des Pacings. Hier geht es darum, sein nonverbales Verhalten, seine Stimme und den sprachlichen Ausdruck möglichst genau an die des Gesprächspartners anzugleichen. Ziel ist es, dass diese unterbewusst wahrnimmt "Der ist wie ich." Sie können sich beispielsweise an der Körperhaltung, der Lautstärke der Stimme, dem Sprechtempo, Gesichtsausdrücken wie einem Stirnrunzeln oder häufigen Gestiken und Sprachmustern orientieren. Um dies zu üben, bieten sich mehrere Situationen im Alltag an, in denen Sie mit Pacing experimentieren können. Versuchen Sie das nächste Mal beim Telefonieren, sich der Sprechgeschwindigkeit, Lautstärke und den bevorzugten Formulierungen der Person am anderen Ende der Leitung anzupassen. Genauso können Sie Ihrem Gegenüber das nächste Mal seine Körperhaltung und Gesichtsausdrücke wie Stirnrunzeln spiegeln und schauen, ob ein Rapport entsteht. Eine weitere Möglichkeit ist es, die Atmung Ihres Partners zu pacen, wenn Sie miteinander intim werden. Es kann auch helfen, die eigene Wahrnehmung zu schärfen, wenn Sie Menschen in der Öffentlichkeit beobachten und analysieren, ob zwischen ihnen ein Rapport besteht.

Sobald durch das Pacing ein Rapport hergestellt wurde, können Sie vorsichtig zum Leading, sprich zur Führung, übergehen. Im Zuge dessen soll die Kommunikation in eine von Ihnen gewünschte Richtung geleitet werden. Das können Sie trainieren, indem Sie die Pacing-Übung ergänzen. Sobald Sie das Gefühl haben, es wurde ein Rapport durch die Angleichung hergestellt, verändern Sie Ihre Körperhaltung. Falls Ihr Gegenüber Ihnen folgt, war das Pacing erfolgreich. Es bedeutet, dass Sie das nötige Vertrauen gewonnen haben, um nun zum Beispiel Themen anzubringen, für die Sie überzeugen möchten.

Eine weitere Möglichkeit, um tiefer in die Erlebenswelt Ihrer Gesprächspartner einzutauchen, ist die Anwendung von den Repräsentationssystemen VAKOG. Die Abkürzungen stehen jeweils für visuell, auditiv, kinästhetisch, olfaktorisch und gustatorisch. Das Konzept basiert auf der Beobachtung, dass jeder Mensch ein dominantes Wahrnehmungssystem hat, über das Informationen aufgenommen, abgespeichert und wieder abgerufen werden. Wenn sich Menschen mit konträren bevorzugten Repräsentationssystemen begegnen, kann es schnell zu Missverständnissen kommen. Die verschiedenen Systeme lassen sich anhand bestimmte Sprachmuster und weiteren Merkmalen erkennen, wobei die ersten drei am häufigsten vertreten sind:

- Personen, deren visueller Sinneskanal besonders ausgeprägt ist, verwenden in ihrer Alltagssprache vermehrt Wörter wie "sehen", "Durchblick", "Überblick", "scheinen", "leuchten", "hell", "dunkel", "Ausstrahlung", "vorausschauend", "Einblick" oder "Klarheit". Auch die Redewendungen "Ich kann mir das nicht länger mit ansehen." und "Ich tappe noch im Dunkeln" sind typische Merkmale. Menschen, die Informationen hauptsächlich visuell aufnehmen und abspeichern, denken in Bildern und können diese meist beeindruckend schnell im Kopf abrufen. Daher sprechen und atmen sie meist auch ein wenig schneller und neigen zu angespannten Schultermuskeln. Darüber hinaus lassen sie die Augen häufig nach oben rechts und links wandern, um die inneren Bilder betrachten zu können.

- Bei dem auditiven Typ hingegen werden vor allem Ausdrücke wie "laut", "leise", "taub", "klingen", "in Ruhe lassen", "seine Ruhe haben", "es hat Klick gemacht", "posaunen", "Harmonie", "undeutlich", "das schreit nach" oder "auf den Mund gefallen" benutzt. Diese Menschen sind in der Regel sehr gute Zuhörer in Gesprächen und reden selbst eher langsam und ruhig. Sie denken in vollständigen Sätzen und brauchen daher etwas mehr Zeit zum Nachdenken. Häufig haben sie jedoch einen umfassenden

Wortschatz und achten auf präzise Aussprache sowie auf einen stets korrekten Satzbau.

- Kinästhetische Repräsentationssysteme beziehen sich auf die Körperempfindungen. Wenn die Welt in erster Linie über diese wahrgenommen wird, werden insbesondere in Formulierungen wie “Galle kommt hoch”, “im siebten Himmel schweben”, “in ein Loch fallen”, “sich fallen lassen”, “mit beiden Füßen im Leben stehen”, “sich geborgen fühlen”, “ein Schauder über den Rücken”, “Herz schlägt bis zum Hals”, “Last auf mir” oder “Blut stockt in den Adern” gesprochen. Wer zum kinästhetischen Typ gehört, lebt vor allem in der Gefühlswelt. Beobachten lassen sich eine tiefe Bauchatmung und eine entspannte Muskulatur. Darüber hinaus neigen diese Menschen dazu, herzliche Umarmungen und kräftige Händedrücke zur Begrüßung zu verteilen.

- Wenn hauptsächlich olfaktorisch wahrgenommen wird, dominieren zum Beispiel die Ausdrücke “immer der Nase nach”, “einen guten Riecher haben”, “das stinkt mir”, “schnüffeln” oder “ich kann dich nicht riechen” den Sprachgebrauch.

- Bei dem gustatorischen Erleben fallen oft Begriffe wie “trocken”, “knackig”, “süß”, “die Schnauze voll haben”, “jemanden zum Fressen gernhaben” oder “eine dicke Lippe riskieren”.

Um den primären Sinneskanal bei anderen zu bestimmen, können Sie drei Personen denselben Text lesen lassen und sich anschließend nach deren Eindrücken erkundigen. Achten Sie auf die Signalwörter, die genutzt werden, wenn die Inhalte mit eigenen Worten wiedergegeben werden. Wenn Sie erfahrener im Umgang mit den Repräsentationssystem sind, können Sie diese ebenfalls nutzen, um durch Angleichung einen Rapport herzustellen. So hat eine Studie beispielsweise nachgewiesen, dass sich die Versuchsgruppe, die in einem Interview über den vorher ermittelten bevorzugten Sinneskanal angesprochen wurden, wesentlich gesprächsbereiter waren als die Kontrollgruppe.

Darüber hinaus kann mithilfe des Milton-Modells ebenfalls eine Verbindung zum Unterbewusstsein Ihres Gesprächspartners geschaffen werden. Es beruht auf der Idee, dass durch einen besonders unspezifischen Sprachgebrauch unbewusste Ressourcen einer Person aktiviert werden können. Dazu eignen sich folgende Formulierungsansätze, durch die Ihr Gegenüber innerlich selbst auf die fehlenden Informationen kommen wird. Tilgungen sind eine Möglichkeit, um dem Unterbewusstsein Spielraum für Interpretationen zu schaffen. Dabei werden Informationen weitestgehend weggelassen. Sie existieren in Form von Vergleichen wie "Es ist schon besser ...", unspezifischen Bezügen wie "etwas in dir ..." oder Verben, die nicht weiter ausgeführt werden wie "du kannst loslassen/lernen ...". Außerdem eignen sich Generalisierungen wie "Du hast schon immer geahnt, dass dir alle Möglichkeiten offen stehen." oder "Das hat dir doch schon immer jeder gesagt." Besonders wichtig ist es, währenddessen zu kalibrieren. Dadurch lässt sich herausfinden, ob die Aussagen erfolgreich aufgenommen werden oder auf Widerstand stoßen. Dann können Sie reagieren und gegebenenfalls andere Formulierungen ausprobieren.

Genau andersherum ist es beim Meta-Modell. Im Rahmen dessen sollen unspezifische Sprachmuster des anderen identifiziert werden, die die Bedeutung ihrer Botschaften verzerren. Dadurch wird es möglich, tieferes Verständnis für die Strukturen eines Problems oder einer Verhaltensweise zu erlangen. Im Gegensatz zum Milton-Modell sollen verborgene Bewusstseinsinhalte nicht nur innerlich erkennbar gemacht werden, sondern durch Sprache an die Oberfläche getragen werden. Viel zu häufig gehen bedeutende Informationen im Zuge der automatischen Filterung verbalen Ausdrucks verloren.

- Das ist beispielsweise bei den zuvor beschriebenen Tilgungen der Fall. Wenn Inhalte bewusst oder unbewusst weggelassen werden, können Sie mit sogenannten Meta-Fragen mehr Details herausfinden. Bei unvollständigen Vergleichen wie "schwieriger" können Sie gezielt nachfragen, im Vergleich zu welcher anderen Situation etwas schwieriger fällt. Falls Verben nicht weiter ausgeführt werden, fragen Sie gezielt, worüber sich gefreut oder gelacht, wovor sich gefürchtet wird und so weiter. Auch bei Aussagen wie "Ich muss ... machen" lohnt es sich, die Konsequenzen zu hinterfragen, die das Unterlassen einer Tätigkeit mit sich bringt.

• Generalisierungen führen oft dazu, dass Ausnahmen in einer Beurteilung nicht berücksichtigt werden. Manchmal sind gerade diese aber besonders wichtig, um eine Situation in ihrer Gesamtheit erfassen zu können. Wenn jemand zum Beispiel sagt "Niemand achtet darauf, was ich zu sagen habe", können Sie nachfragen, wer genau nicht zuhört oder was die Person gern loswerden möchte. Auf Aussagen wie "Immer lachst du mich aus und nie nimmst du mich ernst." können Sie mit Antworten wie "Lache ich dich wirklich immer aus?" oder "Bedeutet das für dich, dass ich dich nie ernst nehme?" reagieren.

• Typisch sind auch Verzerrungen, mit denen sich eine Person selbst oder ihre Mitmenschen in bestimmte Rollen drängt, sodass die täglichen Geschehnisse mit Ihren innerlichen Überzeugungen übereinstimmen. Das sind Sätze wie "Du bist genauso egoistisch wie dein Vater." Fragen Sie auch hier genauer nach, zum Beispiel durch ein "Was bringt dich zu der Annahme, dass mein Vater egoistisch ist?", um tiefer liegende Gefühls- und Gedankenstrukturen zum Vorschein zu bringen.

Besonders wertvoll sind solche verborgenen Botschaften in Bezug auf Konfliktmanagement. Diese können schnell eskalieren, wenn die Kommunikation zwischen den Beteiligten uneindeutig ist und auf verschiedenen Ebenen stattfindet.

KONFLIKTE LÖSEN UND ESKALATION VERMEIDEN

Es existieren mehrere Milliarden Menschen mit individuellen Wünschen, Meinungen und Interessen. Da ist es nicht verwunderlich, dass es immer mal wieder zu Streitigkeiten kommt, sobald sich unterschiedliche Vorstellungen nicht miteinander vereinen zu lassen scheinen. In einem solchen Fall sprechen wir von einem Konflikt. Es bedeutet im Lateinischen so viel wie "Zusammenstoß". Konflikte können in allen Bereichen menschlichen Zusammenlebens vorkommen. Leider werden sie oft als Kampf missverstanden, bei dem es einen Gewinner und einen Verlierer gibt. Dabei ist die Fähigkeit, Lösungen zu finden, ein kreativer Prozess, der durchaus friedlich verlaufen kann. Dann ist es sogar möglich, dass daraus im Endeffekt Bereicherung und Fortschritt resultieren. Konflikte haben großes Potenzial inne, eine Gemeinschaft, Beziehung oder Gesellschaft nachhaltig zu verändern.

Eine Auseinandersetzung findet zwischen mehreren Konfliktparteien statt. Dabei kann es sich um Personen, darüber hinaus aber auch um Institutionen, politische Parteien oder ganze Nationen handeln. Zudem spricht man von einem intrapersonellen Konflikt, wenn eine Person Anteile in sich selbst nicht miteinander vereinen kann. Sehr oft spielen unsichtbare Parteien eine zusätzliche Rolle. Dazu gehören unter anderem Eltern oder das gesellschaftliche System, welche mit Erwartungen an jemand anderen verbunden sind. Es kommt in der Regel zu einem Konflikt, wenn von Grund auf unterschiedliche Ziele angestrebt werden oder aber, wenn das gleiche Ziel verfolgt, jedoch auf konträre Art und Weise erreicht werden soll.

Weitere Ursachen sind Unzufriedenheit, Misstrauen, Machtkämpfe und emotionale Bedürfnisse. Das Zusammenwirken mehrerer Erwartungen, Wertvorstellungen und Rahmenbedingungen macht Konflikte unheimlich komplex. Dabei ist das größte Problem, dass sich für gewöhnlich von dem ursprünglichen Konfliktgegenstand entfernt wird.

Emotionale Beteiligung führt zu missverständlicher Kommunikation abseits der sachlichen Inhaltsebene. Dann entsteht ein Streitgespräch, bei dem eventuell sogar Ursachen mit hineinspielen, die mit der aktuellen Situation überhaupt nichts zu tun haben. Viel eher lassen diese sich auf vergangene Erfahrungen oder unter der Oberfläche verborgene Ängste und Hoffnungen zurückführen. Zur Bewältigung von Konflikten gibt es verschiedene Lösungsansätze.

Die erste Möglichkeit wäre, dass eine Partei dem Konflikt ausweicht und die Situation vorerst ungeklärt bleibt. Entweder setzt jemand seine Handlungen ungerechter Weise einfach durch oder es gehen beide Seiten leer aus. Im schlimmsten Fall artet der Konflikt in einen Kampf aus, bei dem nur eine Partei ihren Willen durchsetzen kann. Übertragen auf die nationale Ebene wären dies Kriege gegeneinander. Eine bessere Option stellen Kompromisse dar. Das sind Zwischenlösungen, bei denen sich sozusagen in der Mitte getroffen wird. Das ist nicht bei allen Konflikten möglich.

Das beste Beispiel dafür sind Unstimmigkeiten bezüglich des Wunsches nach Kindern in einer Beziehung. Zwar ist es möglich, dass die Vereinbarung tatsächlich gelingt und beide Parteien mit dem Kompromiss einverstanden sind, oft endet es jedoch darin, dass alle Beteiligten unzufrieden mit der scheinbaren Lösung sind und der Konflikt letztendlich nur aufgeschoben wird. Die optimale Herangehensweise wäre daher die kooperative Konfliktlösung. Dabei wird eine detaillierte Bestandsaufnahme vorgenommen. Nach Identifikation des Problems erläutern alle Parteien ihren Standpunkt. Im Anschluss geht es darum, zukunfts- und lösungsorientiert einen Ausweg zu finden, der alle Bedürfnisse zu einem gewissen Anteil berücksichtigt. Obwohl jeder zu Wort kommen sollte, wird sich nicht an vergangenen oder emotionalen Streitigkeiten aufgehalten. Es erfordert außerdem die Bereitschaft, Zugeständnisse zu machen und nicht als Gewinner aus der Situation herausgehen zu wollen. Dadurch entsteht ein Mittelweg, der intensiver durchdacht worden ist als bei einem herkömmlichen Kompromiss. Für einen solchen Verlauf sind kommunikative und rhetorische Fähigkeiten gefragt.

• Ein Konfliktgespräch sollte grundsätzlich nicht unter Zeitdruck oder nebenbei stattfinden. Es ist um einiges zielführender, wenn alle Beteiligten echtes Interesse mitbringen, die Unstimmigkeiten zu klären und bereit dazu sind, sich Zeit für das zu nehmen, was die anderen Parteien zu sagen haben. Generell empfiehlt es sich aber, es nicht zu lange aufzuschieben, da es mit vergehender Zeit immer schwieriger wird, die Situation vernünftig zu klären. Außerdem sollte eine ausgewogene Gesprächsbeteiligung herrschen und einander aktiv zugehört werden. Vielleicht ergibt es Sinn, Gesprächsregeln festzulegen, an die sich, unabhängig von bestehenden Hierarchien, gehalten werden muss.

• Es ist zudem wichtig, eine innere Haltung einzunehmen, die bereit ist, eigene Fehler einzugestehen und die Wünsche des anderen zu berücksichtigen. Sturheit bringt niemanden weiter. Im nächsten Schritt sollte diese Einstellung durch nonverbale und paraverbale Signale nach außen getragen werden. Durch diese können im Streit zwar einerseits Aggression und Wut zum Ausdruck kommen. Viel produktiver ist es jedoch, wenn bewusst auf eine friedliche und wertschätzende Kommunikation auf dieser Ebene geachtet wird. Die Stimme nicht zu heben und auf bedrohliche Gestiken zu verzichten, schafft bereits eine viel angenehmere Atmosphäre.

• Außerdem ist es förderlich, die eigene Meinung niemals als einzige Wahrheit darzustellen und sich immer Feedback der anderen einzuholen. So könnte nach der Ausführung des eigenen Standpunkts beispielsweise gefragt werden, was das Gegenüber davon hält. Dieses bekommt dadurch erstens das Gefühl, dass seine Bedürfnisse ernst genommen werden, zweitens ist es umso wahrscheinlicher, die nachhaltig beste Lösung zu finden, desto mehr Vorschläge und Ideen einfließen.

• Einer der häufigsten Fehler bei dem Versuch einen Konflikt zu lösen ist Schuldzuweisung. Darauf wird meist mit Widerstand in Form von Abwehrverhalten, Flucht oder Kampf reagiert. Um gegenzusteuern, lohnt es sich, Ich-Botschaften zu senden. Der Fokus sollte bei den Formulierungen darauf liegen, wie sich der Sprechende durch die Situation oder das Verhalten anderer fühlt, anstatt zu betonen, wer welche Fehler macht. Solche Aussagen sind für den anderen meist viel leichter anzunehmen.

• Auch Drohungen, beispielsweise "Wenn das noch einmal passiert ..." zeugen von sozialer Inkompetenz und Respektlosigkeit.

• Genauso verhält es sich mit Generalisierungen wie "Nie hörst du mir zu!" oder "Du hast immer etwas an mir auszusetzen." Ein angemessener und reflektierter Kritikstil, bei dem auch mal Lob geäußert wird, ist Voraussetzung für einen respektvollen Umgang miteinander. Falls Sie selbst kritisiert werden sollten, empfinden Sie dies nicht als persönlichen Angriff, sondern nehmen Sie die Verbesserungsvorschläge immer erst dankend an.

• Generell sollten alle aufkommenden Gefühle jedoch als berechtigt behandelt werden. Dafür ist Empathie gefragt, also die Fähigkeit, sich in andere hineinzuversetzen, um deren Gedanken und Empfinden nachzuvollziehen. Es ist ein Grundbedürfnis jedes Menschen, sich wertgeschätzt zu fühlen. Respektieren Sie daher, wie sich der andere fühlt und versuchen Sie niemals, ihm einzureden, dass seine Emotionen nicht gerechtfertigt sind beziehungsweise keinen Wert haben.

• Missverständnisse lassen sich, auch in allen anderen Kommunikationssituationen, vor allem mithilfe des Vier-Ohren-Modells vermeiden. Entwickelt worden ist diese Theorie von dem Psychologen Friedemann Schulz von Thun. Sie beschreibt den Weg einer Botschaft vom Sender zum Empfänger und inwiefern dabei Störungen auftreten können. Mit jeder Aussage, die wir treffen, schwingen demnach Informationen über den Sachinhalt, der Beziehung zum Empfänger, über Selbstoffenbarung und ein Appell mit. Gleichzeitig wird die Nachricht auch auf diesen vier Ebenen vom Gegenüber aufgenommen, wobei generell jeder Teilaspekt falsch verstanden werden könnte. Viele Kommunikationswissenschaftler sind sich einig: Ein Gespräch ist erst gelungen, wenn beide Seiten ihre Intentionen auf den vier Ebenen verstehen. Fragen Sie deswegen unbedingt immer nach, ob Sie Ihren Gesprächspartner richtig verstanden haben, anstatt sich nur auf die eigene Interpretation zu verlassen.

• Darüber hinaus sollte es unbedingt vermieden werden, auf anderen Ebenen zu diskutieren. Sobald deutlich wird, dass das Gespräch sich nicht mehr auf das Kernproblem konzentriert, sollte einfühlsam darauf hingewiesen werden.

• Wenn Gemeinsamkeiten herausgearbeitet und Lösungsvorschläge gesammelt worden sind, sollte sich gemeinsam auf eine Option geeinigt werden. Um den Konflikt langfristig aus der Welt zu schaffen, ist es nötig, noch einmal zu überprüfen, ob jeder einverstanden ist und sich in der Entscheidung berücksichtigt fühlt.

MEHR ZUFRIEDENHEIT AM ARBEITSPLATZ

Ein weiteres Anwendungsgebiet von Rhetorik ist der Berufsalltag. Hier können kommunikative Fähigkeiten und Durchsetzungsvermögen Türen zu Ihrer Traumkarriere öffnen. Es beginnt bereits mit dem Bewerbungsschreiben. Generell sollte es maximal eine Seite lang und in überschaubare Sinnabschnitte unterteilt sein. Genau wie beim Formulieren einer Rede sind leserfreundliche Sätze, die nicht unnötig lang und kompliziert sind, immer zielführender. Formulieren Sie klare Botschaften, die formal sind und trotzdem eine persönliche Note haben. Wenn Sie ausschließlich die üblichen Standardsätze nutzen, werden Sie niemals hervorstechen und in Erinnerung bleiben.

Die Einleitung sollte drei bis vier Sätze umfassen und das Interesse wecken, mehr über Sie zu erfahren. Zwar können Sie auf relevante Aspekte aus dem Lebenslauf genauer eingehen, generell sollten Sie diesen jedoch nicht vollständig wiederholen. Heben Sie im Hauptteil stattdessen ehrlich Ihre persönlichen Kompetenzen hervor und begründen Sie ohne Überheblichkeit, weshalb Sie geeignet für den Job sind. An dieser Stelle können zum Beispiel Belastbarkeit, Organisationstalent, Führungskompetenz, Teamfähigkeit, Einfühlungsvermögen oder selbstständiges Arbeiten stehen. Versuchen Sie außerdem, nicht ausschließlich von sich selbst zu reden, sondern auch einen Bezug zu dem Unternehmen herzustellen.

Zum Schluss ist es wichtig, dass Sie eine Aufforderung stellen und dabei auf den Konjunktiv verzichten. Aussagen wie "Ich freue mich über Ihre Einladung." statt "Über eine Einladung würde ich mich freuen." sind überhaupt nicht unangebracht oder unhöflich, sondern drücken Zuversicht und Selbstbewusstsein aus. Falls es zu einem Vorstellungsgespräch kommt, haben Sie die Möglichkeit, nicht nur verbale, sondern nun auch nonverbale und paraverbale Elemente einzubauen, um Vertrauen und Sympathie zu wecken. Bedienen Sie sich dabei all der Kenntnisse, die Sie an dieser Stelle bereits haben.

Wärmen Sie Ihre Stimme und Sprechmuskulatur auf, beugen Sie Nervosität vor, strahlen Sie Selbstbewusstsein über Ihre Körpersprache aus und verlieren Sie auch bei verunsichernden Fragen nicht die Fassung. Letztere zielen meist sowieso nur darauf ab, Ihre Stressresistenz auf die Probe zu stellen. Seien Sie geistig vollkommen präsent, sodass Sie auf jede Frage angemessen eingehen können. Falls etwas scheinbar Negatives wie eine schlechte Abiturnote zur Sprache kommen sollte, drehen Sie dies mithilfe von rhetorischen Mitteln geschickt um und beweisen Sie Optimismus.

So könnten Sie, um beim Beispiel zu bleiben, damit argumentieren, dass Ihre Note Sie nur noch mehr motiviert, hart für den Beruf zu arbeiten, den Sie wirklich ausüben möchten. Eine nonverbale Interaktion, deren Bedeutung generell unterschätzt wird, ist der Händedruck, wenn Sie sich vorstellen. Er sollte drei bis vier Sekunden souverän gehalten werden und von einem freundlichen Lächeln begleitet werden. Es sollte zwar nicht zu fest zugedrückt werden, doch vor allem als Frau sollte Zaghaftigkeit vermieden werden.

Auch bei der Verabschiedung bietet es sich an, nochmals die Hand zu geben und Blickkontakt herzustellen. Verlassen Sie den Raum dann mit Zuversicht und selbstbewussten Schritten. Am besten gehen Sie den voraussichtlichen Gesprächsverlauf in einem Rollenspiel mit Angehörigen oder Freunden durch. Vor allem auf typische Fragen wie “Was sind Ihre Stärken und Schwächen?” sollten Sie vorbereitet sein. Durch eine möglichst realistische Inszenierung wird erkennbar, in welchen Situationen Sie bereits überzeugen oder aber noch ins Stottern geraten.

Selbst wenn wir einen Job in dem Berufsfeld ergattern, in dem wir immer arbeiten wollten und für das wir bestens geeignet sind, kann es zur Unzufriedenheit kommen. Auch in Bezug darauf spielt Kommunikation eine große Rolle. Statistiken zeigen, dass sich nur 11 % der Arbeitnehmer im Berufsalltag ausreichend wertgeschätzt fühlen. Zwar erfahren wir Wertschätzung am Arbeitsplatz durch finanzielle Vorteile wie Gehaltserhöhungen oder Privilegien wie einen Firmenwagen oder zusätzliche Urlaubstage, es macht jedoch bereits einen enormen Unterschied für alle Beteiligten, wenn eine sprachlich wertschätzende Kultur herrscht. Das ist so wichtig, da Mitarbeiterzufriedenheit und ein angenehmes Arbeitsklima gleichzeitig gesteigerte Motivation und Produktivität bedeuten.

Unabhängig davon, ob Sie sich in einer Führungsposition befinden oder nicht, können Sie mit einem vorbildlichen Kommunikationsverhalten als gutes Beispiel vorangehen. Es ist leicht, sich einzureden, dass dies außerhalb des eigenen Verantwortungsbereichs liegt. Doch ein respektvoller Umgang mit Ihren Mitarbeitern kommt letztendlich auch Ihnen selbst entgegen. Sobald Sie sich Zeit für die Anliegen anderer nehmen, Ihre Hilfe anbieten und angebrachtes Lob verteilen, wird man es Ihnen gleich tun. Scheuen Sie also nicht davor zurück, auch am Arbeitsplatz aktiv zuzuhören, NLP-Methoden anzuwenden, Missverständnissen vorzubeugen, Konflikte zu lösen und vielleicht sogar neue Freundschaften zu knüpfen. In einem Unternehmen treffen in der Regel die unterschiedlichsten Charaktere aufeinander. Wenn Sie sich darin üben, auf verschiedene Persönlichkeitstypen einzugehen und diese von Ihren Ansichten überzeugen zu können, werden Ihre rhetorischen Fähigkeiten auf eine praxisnahe Weise verfeinert, auf die es durch keine theoretische Anleitung oder noch so effektive Übung vor dem Spiegel jemals erreicht werden könnte.

In einer Woche zum Rhetorik-Meister!

Es existieren etliche Kursangebote und Seminare, um die vielfältigen Schwerpunkte von Rhetorik zu trainieren. Diese haben den großen Vorteil, dass in Gruppen geübt wird. Dadurch hat man sofort Übungspartner mit ähnlichen Motivationen. Außerdem geben die Kursleitungen regelmäßig ein ehrliches Feedback und können bei Bedarf auf die individuellen Schwächen eingehen. Meistens sind solche Seminare jedoch kostenaufwendig. Zwar haben Sie in den verschiedenen Kapiteln bereits viele praktische Übungen erläutert bekommen, zum Abschluss sollen Ihnen jedoch noch zusätzliche Ideen an die Hand gegeben werden, damit Sie auch ohne professionellen Rahmen von zu Hause aus zum Rhetorik-Meister werden können. Die folgenden Vorschläge können Sie als 7-Tage-Challenge betrachten und Ihre rhetorischen Fähigkeiten jeden Tag auf eine etwas andere Art und Weise trainieren. Stattdessen ist es aber auch möglich, die Übungen nach Belieben in Ihren Alltag zu integrieren. Besonders hilfreich ist es, sich für die Entwicklung einer Routine ein Gefäß zulegen, in dem Sie Kärtchen aufbewahren, auf denen Sie alle in diesem Buch genannten Übungen notieren. Dann können Sie entweder jeden Tag oder vielleicht auch nur einmal die Woche eine Karte ziehen und die jeweilige Übung durchführen. Schon Cicero hat gesagt "Reden lernt man durch Reden".

Tag 1: Die Stegreif-Rede

Deswegen sind Sie heute gefragt, einen spontanen Vortrag über ein beliebiges Thema zu halten. Schlagen Sie dafür zum Beispiel drei Seiten eines Buchs auf und merken Sie sich jeweils das Wort, das Ihnen zuerst ins Auge sticht. Aus diesen drei Begriffen formen Sie dann ohne Vorbereitung eine zwei- bis dreiminütige Rede. Die Fakten, die Sie dabei nennen, müssen nicht unbedingt stimmen. Wichtiger ist es, spontan und trotzdem überzeugend zu sein! Alternativ können Sie sich drei Überschriften zu Themen ausdenken, die nicht wirklich miteinander zusammenhängen. Das können beispielsweise der Mauerfall, eine der Weltreligionen oder der Urknall sein. Pro Überschrift sprechen Sie fünf Minuten und finden dann eine geschickte Überleitung zum nächsten Thema.

Tag 2: Talkshow-Teilnehmer

Suchen Sie sich eine Ihrer liebsten Gesprächsrunden in den Medien heraus, in denen viel diskutiert wird und nehmen Sie zur Abwechslung mal selbst daran teil. Pausieren Sie zwischendurch einfach die Debatte und geben Sie Ihren Senf dazu.

Tag 3: Allwissendes Orakel

Person A stellt eine aus der Luft gegriffene Warum-Frage, woraufhin Person B das “Orakel” befragt. Person A gibt dann nur ein Wort als Antwort, das am besten überhaupt nicht in Zusammenhang mit der gestellten Frage steht. Daraufhin muss Person B erläutern, warum das Orakel recht hat. Eine zweiminütige Beweisführung kann mit den Worten “Das war die beste aller möglichen Antworten. Das Orakel sagt uns, dass ...” eingeleitet werden.

Tag 4: Korken zwischen den Zähnen

Dies ist eine Übung zur Verbesserung Ihrer Aussprache. Nehmen Sie einen Korken zwischen die Zähne, während Sie Ihre eigene Rede oder einen anderen Text laut vorlesen. Durch den Fremdkörper im Mund wird die Wahrnehmung für die optimale Artikulation und Betonung geschärft. Außerdem lockert sich die Gesichtsmuskulatur. Wenn Sie denselben Vortrag im Anschluss ohne den Korken präsentieren, wird es Ihnen direkt viel leichter über die Lippen gehen.

Tag 5: Rede-Wettbewerb

Zwar ist für diese Trainingseinheit etwas mehr Vorbereitung

gefragt, dafür macht sie aber auch umso mehr Spaß. Veranstalten Sie einen Rede-Wettbewerb mit Ihren Freunden, bei dem Vorträge zu bizarren Themen gehalten werden, die garantiert jeden in der Runde zum Lachen bringen werden. Eventuell wollen Sie dafür Gegenreden einbauen, in denen Sie direkten Bezug zu den vorangegangenen Präsentationen nehmen.

Tag 6: Nachrichtensprecher

Heute schlüpfen Sie in die Rolle eines Fernsehmoderators. Lesen Sie sich dafür zuerst aufmerksam einen Artikel in der Zeitung durch. Anschließend ist es Ihre Aufgabe, das Gelesene in einer zwei bis dreiminütigen Rede mit eigenen Worten wiederzugeben. Sie sollten alle wichtigen Fakten nennen, ohne die Zeit zu überschreiten. Scheuen Sie nicht davor zurück, etwas Dramatik durch eine ernste und erschrockene Ausdrucksweise einfließen zu lassen.

Tag 7: Chaos im Kopf

Versuchen Sie ohne eine bestimmte Themenvorgabe, 15 Minuten lang pausenlos zu sprechen. Werden Sie alles los, was Ihnen im Kopf herumschwirrt. Es wird sich anfangs zwar etwas ungewohnt anfühlen. Sie trainieren sich dadurch aber unheimlich darin, Ihren Gedanken und Ideen Ausdruck sowie Struktur zu verleihen.

In diesem Sinne wünschen wir Ihnen viel Spaß beim Üben und bei der Anwendung im Alltag. Wir hoffen, dass Ihnen dieses Buch geholfen hat!

Quellenverzeichnis

• A decent daydream (2019): Körpersprache deuten lernen - 6 Übungen dazu, URL: https://www.decent-daydream.at/koerpersprache-deuten-uebungen/ (Stand: 05.05.2020).

• Berliner Morgenpost, Peter-André Alt (2016): Rhetorik gehört in den Lehrplan, URL: https://www.morgenpost.de/politik/article208987499/Rhetorik-gehoert-in-den-Lehrplan.html

• Braineffect: Wie die Atmung unser Gehirn beeinflusst, URL: https://www.brain-effect.com/magazin/atmung-gehirn (Stand: 08.05.2020).

• Der Rhetorik Blog: Rhetorische Kompetenz - der Karrierevorsprung, URL: http://rhetorikblog.net/rhetorische-kompetenz-der-karrierevorsprung/ (Stand: 05.05.2020).

• Der Rhetorik Blog: Rhetorische Kompetenz - Rhetorik im Alltag, URL: http://www.rhetorikblog.net/rhetorische-kompetenz-rhetorik-im-alltag/ (Stand: 05.05.2020).

• Die Kunst zu überzeugen, Albert Thiele (2003): Rhetorische Aspekte, URL: https://link.springer.com/chapter/10.1007/978-3-662-06661-4_7 (Stand: 04.05.2020).

• Focus Online (2012): Wie viel bin ich mir selbst wert?, URL: https://www.focus.de/familie/erziehung/psychologie/der-weg-zur-inneren-staerke-wie-schueler-selbstvertrauen-lernen_id_2164256.html (Stand: 05.05.2020).

• Focus Online Praxistipps, Nicole Hery-Moßmann (2017): Rhetorik: Definition und die 3 besten Übungen, URL: https://praxistipps.focus.de/rhetorik-definition-und-die-3-besten-uebungen_96445 (Stand: 04.05.2020).

• Gesundheit, Silke Hamann (2018): Bürogymnastik: 9 Übungen für mehr Bewegung im Büro, URL: https://www.gesundheit.de/fitness/fitness-uebungen/buerogymnastik/buerogymnastik-augenfitness (Stand: 08.04.2020).

• Guten Morgen Gazette: Den Wortschatz erweitern - 20 Übungen und Tipps, URL: https://www.blueprints.de/wortschatz/wortschatz-erweitern.html (Stand: 05.05.2020).

• Hesse Schrader: Die wichtigsten Fragetechniken, URL: https://www.berufsstrategie.de/bewerbung-karriere-soft-skills/rhetorik-fragetechnik.php (Stand: 04.05.2020).

• Hesse Schrader: Killerphrasen - Sackgassen in der Rhetorik, URL: https://www.berufsstrategie.de/bewerbung-karriere-soft-skills/rhetorik-killer.php (Stand: 04.05.2020).

• Infothek Gesundheit, Katja Schulte (2016): Progressive Muskelentspannung, URL: https://infothek-gesundheit.de/progressive-muskelentspannung-pme/ (Stand: 07.05.2020).

• Inhaltsangabe: Oxymoron, URL: https://www.inhaltsangabe.de/wissen/stilmittel/oxymoron/ (Stand: 06.05.2020).

• Kommunikation lernen: Mühelos auf Menschen zugehen: Simple 8-Schritt-Anleitung, URL: https://kommunikation-lernen.de/auf-menschen-zugehen/ (Stand: 05.05.2020).

• Kommunikation lernen: Offener und kommunikativer werden: In 6 einfachen Schritten, URL: https://kommunikation-lernen.de/offener-und-kommunikativer-werden/ (Stand: 05.05.2020).

• Kommunikation lernen: Schlagfertigkeit lernen: Techniken, Beispiele und 6 Übungen, URL: https://kommunikation-lernen.de/schlagfertigkeit-lernen/ (Stand: 05.05.2020).

• Kommunikation lernen: Schüchternheit überwinden: 8 Power-Tipps und 5 Übungen, URL: https://kommunikation-lernen.de/schuechternheit-ueberwinden/ (Stand: 06.05.2020).

• Landsiedel Seminare: Affirmationen, URL: https://www.landsiedel-seminare.de/coaching-welt/wissen/coaching-tools/affirmationen.html (Stand: 05.05.2020).

• Landsiedel Seminare: Aikido Rhetorik, URL: https://www.landsiedel-seminare.de/rhetorik/aikido-rhetorik.html (Stand: 04.05.2020).

• Landsiedel Seminare: Aktives Zuhören als wirksame Basis erfolgreicher Gesprächsführung, URL: https://www.landsiedel-seminare.de/coaching-welt/wissen/lexikon/aktives-zuhoeren.html (Stand: 04.05.2020).

• Landsiedel Seminare: Aktives Zuhören beim Flirten, URL:

https://www.landsiedel-seminare.de/flirten/flirttipps/aktives-zuhoeren-beim-flirten.html (Stand: 04.05.2020).

• Landsiedel Seminare: Ankern, URL: https://www.landsiedel-seminare.de/nlp-bibliothek/practitioner/p-03-00-ankern-und-physiologie.html (Stand: 04.05.2020).

• Landsiedel Seminare: Authentizität, URL: https://www.landsiedel-seminare.de/wissen/authentizitaet.html (Stand: 04.05.2020).

• Landsiedel Seminare: Charisma, URL: https://www.landsiedel-seminare.de/coaching-welt/wissen/lexikon/charisma.html (Stand: 04.05.2020).

• Landsiedel Seminare: Das Sender-Empfänger-Modell, URL: https://www.landsiedel-seminare.de/coaching-welt/wissen/lexikon/sender-empfaenger-modell.html (Stand: 04.05.2020).

• Landsiedel Seminare: Der Blickkontakt beim Flirten, URL: https://www.landsiedel-seminare.de/flirten/flirttipps/der-blickkontakt-beim-flirten.html (Stand: 04.05.2020).

• Landsiedel Seminare: Die Metaebene: Aus der Vogelperspektive auf ein vergangenes Gespräch schauen, URL: https://www.landsiedel-seminare.de/coaching-welt/wissen/lexikon/metaebene.html (Stand: 06.05.2020).

• Landsiedel Seminare, Dipl. Psych. Stephan Landsiedel (2013): Die Ansprache im bevorzugten Sinneskanal schafft Vertrauen, URL: https://www.landsiedel-seminare.de/nlp-seiten/ist-nlp-unwissenschaftlich.html (Stand: 06.05.2020).

• Landsiedel Seminare: Eisbrecher beim Flirten: Der erste Satz, URL: https://www.landsiedel-seminare.de/flirten/flirttipps/eisbrecher-beim-flirten-der-erste-satz.html (Stand: 04.05.2020).

• Landsiedel Seminare: Emotionale Intelligenz als Schlüssel zu Zufriedenheit und Erfolg, URL: https://www.landsiedel-seminare.de/coaching-welt/wissen/lexikon/emotionale-intelligenz.html#erfolg (Stand: 06.05.2020).

• Landsiedel Seminare: Flirttipps für eine erfolgreiche Kommunikation, URL: https://www.landsiedel-seminare.de/flirten/flirttipps/ (Stand: 04.05.2020).

- Landsiedel Seminare: Führung - Unternehmen profitieren von Menschlichkeit, URL: https://www.landsiedel-seminare.de/fuehrung/ (Stand: 06.05.2020).
- Landsiedel Seminare: Geschichte des Neurolinguistischen Programmierens (NLP), URL: https://www.landsiedel-seminare.de/geschichte-des-nlp.html (Stand: 06.05.2020).
- Landsiedel Seminare: Gestik, URL: https://www.landsiedel-seminare.de/rhetorik/gestik.html (Stand: 05.05.2020).
- Landsiedel Seminare: Glaubenssätze, URL: https://www.landsiedel-seminare.de/nlp-bibliothek/nlp-master/m-02-00-glaubenssaetze.html (Stand: 05.05.2020).
- Landsiedel Seminare: Kalibrieren, URL: https://www.landsiedel-seminare.de/nlp-bibliothek/practitioner/p-01-02-kalibrieren.html (Stand: 04.05.2020).
- Landsiedel Seminare: Kommunikation, URL: https://www.landsiedel-seminare.de/coaching-welt/wissen/lexikon/kommunikation.html (Stand: 04.05.2020).
- Landsiedel Seminare: Kommunikationsfähigkeit, URL: https://www.landsiedel-seminare.de/rhetorik/kommunikationsfaehigkeit.html (Stand: 04.05.2020).
- Landsiedel Seminare: Konflikt, URL: https://www.landsiedel-seminare.de/coaching-welt/wissen/lexikon/konflikt.html (Stand: 04.05.2020).
- Landsiedel Seminare: Konfliktmanagement, URL: https://www.landsiedel-seminare.de/coaching-welt/wissen/coaching-themen/konfliktmanagement.html (Stand: 04.05.2020).
- Landsiedel Seminare: Körperhaltung, URL: https://www.landsiedel-seminare.de/rhetorik/koerperhaltung.html (Stand: 04.05.2020).
- Landsiedel Seminare: Metamodell, URL: https://www.landsiedel-seminare.de/nlp-bibliothek/practitioner/p-04-00-meta-modell.html (Stand: 04.05.2020).
- Landsiedel Seminare: Metapher, URL: https://www.landsiedel-seminare.de/rhetorik/metapher.html (Stand: 04.05.2020).
- Landsiedel Seminare: Metaphern, URL: https://www.landsiedel-

seminare.de/nlp-bibliothek/nlp-master/m-07-00-metaphern.html (Stand: 05.05.2020).

• Landsiedel Seminare: Milton-Modell - Vergleich mit Meta-Modell und Sprachmuster, URL: https://www.landsiedel-seminare.de/nlp-bibliothek/practitioner/p-06-09-sprachmuster-des-milton-modells.html (Stand: 05.05.2020).

• Landsiedel Seminare: Mimik deuten und verstehen, URL: https://www.landsiedel-seminare.de/rhetorik/mimik.html (Stand: 04.05.2020).

• Landsiedel Seminare: NLP ist nicht unwissenschaftlich, URL: https://www.landsiedel-seminare.de/nlp-seiten/ist-nlp-unwissenschaftlich.html (Stand: 06.05.2020).

• Landsiedel Seminare: NLP Übungen, URL: https://www.landsiedel-seminare.de/nlp-seiten/nlp-uebungen.html (Stand: 05.05.2020).

• Landsiedel Seminare: NLP-Techniken, URL: https://www.landsiedel-seminare.de/nlp-seiten/nlp-techniken.html (Stand: 04.05.2020).

• Landsiedel Seminare: NLP-Übungen, URL: https://www.landsiedel-seminare.de/nlp-seiten/nlp-uebungen.html (Stand: 06.05.2020).

• Landsiedel Seminare: Nonverbale Kommunikation, URL: https://www.landsiedel-seminare.de/rhetorik/nonverbale-kommunikation.html (Stand: 04.05.2020).

• Landsiedel Seminare: Paraverbale Kommunikation, URL: https://www.landsiedel-seminare.de/rhetorik/paraverbale-kommunikation.html (Stand: 06.05.2020).

• Landsiedel Seminare: Positive Denkweise beim Flirten - Tipps zur inneren Haltung, URL: https://www.landsiedel-seminare.de/flirten/flirttipps/positive-denkweise.html (Stand: 04.05.2020).

• Landsiedel Seminare: PowerPoint Präsentation, URL: https://www.landsiedel-seminare.de/rhetorik/powerpoint-praesentation.html (Stand: 04.05.2020).

• Landsiedel Seminare: Präsentationstechnik, URL: https://www.landsiedel-seminare.de/rhetorik/praesentationstechnik.html (Stand: 04.05.2020).

• Landsiedel Seminare: Präsentieren, URL: https://www.landsiedel-seminare.de/rhetorik/praesentieren.html (Stand: 04.05.2020).

• Landsiedel Seminare: Rapport und Körpersprache: Anregungen und Übungen, URL: https://www.landsiedel-seminare.de/nlp-bibliothek/practitioner/p-01-04-uebungsvorschlaege-und-anregungen.html (Stand: 06.05.2020).

• Landsiedel Seminare: Rapport, Pacing und Leading, URL: https://www.landsiedel-seminare.de/nlp-bibliothek/practitioner/p-01-03-rapport-pacing-und-leading.html#was-ist-rapport (Stand: 06.05.2020).

• Landsiedel Seminare: Rede halten, URL: https://www.landsiedel-seminare.de/rhetorik/rede-halten.html (Stand: 04.05.2020).

• Landsiedel Seminare: Repräsentationssysteme: VAKOG, URL: https://www.landsiedel-seminare.de/nlp-bibliothek/practitioner/p-02-00-repraesentationssysteme.html (Stand: 04.05.2020).

• Landsiedel Seminare: Rhetorik lernen, URL: https://www.landsiedel-seminare.de/rhetorik/rhetorik-lernen.html (Stand: 04.05.2020).

• Landsiedel Seminare: Rhetorische Mittel, URL: https://www.landsiedel-seminare.de/rhetorik/rhetorische-mittel.html (Stand: 04.05.2020).

• Landsiedel Seminare: Selbstbewusst flirten, URL: https://www.landsiedel-seminare.de/flirten/flirttipps/selbstbewusst-flirten.html (Stand: 04.05.2020).

• Landsiedel Seminare: Selbstbewusstsein, URL: https://www.landsiedel-seminare.de/coaching-welt/wissen/coaching-themen/selbstbewusstsein.html (Stand: 04.05.2020).

• Landsiedel Seminare: Swish-Technik, URL: https://www.landsiedel-seminare.de/nlp-bibliothek/practitioner/p-07-11-die-swish-technik.html (Stand: 04.05.2020).

• Landsiedel Seminare: Sympathie, URL: https://www.landsiedel-seminare.de/wissen/sympathie.html (Stand: 04.05.2020).

• Landsiedel Seminare: Unterscheidung Lead-, Repräsentations- und Referenzsystem, URL: https://www.landsiedel-seminare.de/nlp-bibliothek/practitioner/p-02-05-unterscheidung-lead-repraesentations-und-referenzsystem.html (Stand: 06.05.2020).

• Landsiedel Seminare: Verbale Kommunikation, URL: https://www.landsiedel-seminare.de/rhetorik/verbale-kommunikation.html (Stand: 04.05.2020).

• Landsiedel Seminare: Vorstellung der drei Typen: Visueller, auditiver und kinästhetischer Typ, URL: https://www.landsiedel-seminare.de/nlp-bibliothek/practitioner/p-02-03-vorstellung-der-drei-typen.html (Stand: 04.05.2020).

• Landsiedel Seminare: Vortrag halten, URL: https://www.landsiedel-seminare.de/rhetorik/vortrag-halten.html (Stand: 04.05.2020).

• Landsiedel Seminare: Was ist NLP? NLP einfach erklärt, URL: https://www.landsiedel-seminare.de/nlp/was-ist-nlp.html#ursprung (Stand: 06.05.2020).

• Landsiedel Seminare: Wertschätzung, URL: https://www.landsiedel-seminare.de/coaching-welt/wissen/coaching-themen/wertschaetzung.html (Stand: 06.05.2020).

• Landsiedel Seminare: Wissen und sozial-emotionale Kompetenz als Schlüssel zum Erfolg, URL: https://www.landsiedel-seminare.de/coaching-welt/wissen/lexikon/soziale-kompetenz.html (Stand: 06.05.2020).

• Landsiedel Seminare: Wortschatz erweitern - für eine lebendigere Sprache, URL: https://www.landsiedel-seminare.de/rhetorik/wortschatz-erweitern.html (Stand: 04.05.2020).

• Lebensfreude, Evelyn Wenzel: 10 Strategien erfolgreicher Redner - So überwindest du die Angst vor öffentlichen Reden, URL: https://www.lebensfreude-evelyn-wenzel.com/2013/10-strategien-erfolgreicher-redner-so-ueberwindest-die-angst-vor-oeffentlichen-reden/ (Stand: 04.05.2020).

• Lecturio (2016): Wie Sie mit diesen fünf Tipps Ihre Karrierechancen und rhetorischen Fähigkeiten verbessern, URL: https://www.lecturio.de/magazin/rhetorik-verbessern/ (Stand: 04.05.2020).

• Lernen: Bewerbungsschreiben: Die besten Tipps zu Aufbau, Inhalt und Layout, URL: https://www.lernen.net/artikel/bewerbungsschreiben-aufbau-inhalt-layout-956/#Soft_Skills (Stand: 05.05.2020).

• Lernen: Erfolgreich diskutieren: 9 Tipps für bessere Argumentationen, URL: https://www.lernen.net/artikel/argumentieren-lernen-9-tipps-fuerbesseres-diskutieren-1471/ (Stand: 05.05.2020).

• Lernen: Körpersprache: 5 Dos & 5 Donts + 3 Übungen für bessere Körperhaltung, URL: https://www.lernen.net/artikel/koerpersprache-5-fehler-4-tipps-3-uebungen-361/ (Stand: 05.05.2020).

• Lernen: Manipulation: 7 Strategien, wie du verdeckte Einflussnahmen erkennst und abwehrst, URL: https://www.lernen.net/artikel/manipulation-7-strategien-einflussnahmen-3198/ (Stand: 05.05.2020).

• Lernen: Mimik deuten: 4 Tipps & 3 Übungen für einen wirksamen Gesichtsausdruck, URL: https://www.lernen.net/artikel/mimik-gesichter-lesen-lernen-479/ (Stand: 05.05.2020)

• Lernen: Selbstbewusstsein stärken - 14 Tipps und Übungen für mehr Selbstsicherheit, URL: https://www.lernen.net/artikel/selbstbewusstsein-staerken-tipps-uebungen-selbstsicherheit-998/ (Stand: 05.05.2020).

• Lernen: Smalltalk lernen: 9 Tipps & 5 Fallstricke + Themen für müheloses Plaudern, URL: https://www.lernen.net/artikel/selbstbewusstsein-staerken-tipps-uebungen-selbstsicherheit-998/ (Stand: 05.05.2020).

• Lernen: Vorstellungsgespräch: Die besten Tipps für den ersten Eindruck, URL: https://www.lernen.net/artikel/vorstellungsgespraech-bewerbungsgespraech-tipps-erster-eindruck-981/ (Stand: 05.05.2020).

• Management Circle, Martina Groß Bley (2020): Magische Rhetorik-Tipps: 10 Dinge, die Sie rhetorisch stark machen, URL: https://www.management-circle.de/blog/rhetorik-tipps/ (Stand: 05.05.2020).

• Management Circle, Silke Ritter (2017): Selbstbewusste Körpersprache - So nutzen Sie Power-Posen, URL: https://www.management-circle.de/blog/selbstbewusste-koerpersprache-so-nutzen-sie-power-posen/ (Stand: 05.05.2020).

• Management Circle: Kommunikation und Rhetorik, URL: https://www.management-circle.de/blog/rhetorik-tipps/ (Stand: 05.05.2020).

• Moderatorenwerk, Jan Doering: Lampenfieber oder: der brüllende Löwe, URL: https://www.moderatorenwerk.de/top-uebung-gegen-lampenfieber/ (Stand: 05.05.2020).

• Momentum: Checkliste zur Planung und Vorbereitung einer

Präsentation, URL https://rhetorik-online.de/rhetorik-tipps-checkliste-planung-und-vorbereitung-einer-prasentation/ (Stand: 03.05.2020).

• Momentum: Empathie, URL: https://www.landsiedel-seminare.de/coaching-welt/wissen/lexikon/empathie.html (Stand: 06.05.2020).

• Momentum: Führungskompetenz ausbauen, URL: https://rhetorik-online.de/fuehrungskompetenz/#tab-id-3 (Stand: 06.05.2020).

• Momentum: Gedanken zur Führungskompetenz, URL: https://rhetorik-online.de/gedanken-zur-fuhrungskompetenz/ (Stand: 06.05.2020).

• Momentum: Präsentationstechniken - So gewinnen Sie Ihre Zuhörer und gestalten Ihren Vortag interessant, URL: https://rhetorik-online.de/praesentationstechniken/ (Stand: 30.04.2020).

• Momentum: Rede schreiben. Rede halten., URL: https://rhetorik-online.de/rede-schreiben-und-halten/ (Stand: 06.05.2020).

• Momentum: Rhetorik - Was ist da eigentlich?, URL: https://rhetorik-online.de/rhetorik/ (Stand: 24.04.2020).

• Momentum: Rhetorik lernen, URL: https://rhetorik-online.de/rhetorik-lernen/ (Stand: 26.04.2020).

• Momentum: Rhetorik-Training: "Rhetorik-Kompakt-Training", URL: https://rhetorik-online.de/rhetorik-training/ (Stand: 24.04.2020).

• Momentum: Stimme trainieren und verstehen: Das ABC der menschlichen Stimme, URL: https://rhetorik-online.de/stimme-trainieren/ (Stand: 29.04.2020).

• Momentum: Wie können wir unsere Kommunikation verbessern?, URL: https://rhetorik-online.de/kommunikation-verbessern/#aktiv-wortbewusstsein (Stand: 06.05.2020).

• Momentum: Wie können wir unsere Rhetorik verbessern?, URL: https://rhetorik-online.de/rhetorik-verbessern/ (Stand: 26.04.2020).

• Pharmazeutische Zeitung, Hannelore Gießen (2019): Rhetorik in Schwarz-Weiß, URL: https://www.pharmazeutische-zeitung.de/rhetorik-in-schwarz-weiss/ (Stand: 04.05.2020).

• Planet Wissen, Julia Lohrmann (2019): Konflikte, URL: https://www.planet-wissen.de/gesellschaft/kommunikation/konflikte/index.html (Stand: 04.05.2020).

• Quarks & Co: Die Macht der Stimme, URL: https://www.youtube.com/watch?v=OOrTH-Vb13o&feature=emb_title (Stand: 29.04.2020).

• Redenwelt: Lampenfieber - Effektive Tipps gegen Nervosität und Angst beim Reden, URL: https://www.redenwelt.de/rede-tipps/lampenfieber-effektive-tipps-nervositaet/ (Stand: 05.05.2020).

• Redenwelt: Sprechtechnik verbessern: 8 erfolgreich getestete Übungen, URL: https://www.redenwelt.de/rede-tipps/sprechtechnik-verbessern-mit-diesen-uebungen-kein-problem/ (Stand: 04.05.2020).

• Redenwelt: Welche Strategien einem Blackout in der Rede wirkungsvoll vorbeugen, URL: https://www.redenwelt.de/rede-tipps/blackout-in-der-rede/ (Stand: 05.05.2020).

• Rheacting Blog: Rhetorik für den Alltag, URL: https://www.management-circle.de/blog/rhetorik-tipps/ (Stand: 05.05.2020).

• Rheton (2010): Kriterien und Aspekte der Rhetorik, URL: http://www.rheton.sbg.ac.at/rheton/2010/07/marita-pabst-weinschenk-kriterien-und-aspekte-der-rhetorik/#fnverweis5 (Stand: 04.05.2020).

• Rhetorik Homepage, Matthias Pöhm (2020): Startseite, URL: http://www.rhetorik-homepage.de (Stand: 05.05.2020).

• Rhetorik Netz, Aurel Gergey (2020): Smalltalk, URL: http://www.rhetorik-netz.de/smalltalk (Stand 05.05.2020).

• Rhetorik Netz, Holger Münzer (2020): Sprech-Stil: Weibliche und männliche Sprache und Rhetorik, URL: http://www.rhetorik-netz.de/diktion (Stand: 05.05.2020).

• Rhetorik Netz, Kerstin Kullmann (2020): Schlagfertigkeit, URL: http://www.rhetorik-netz.de/schlagfertigkeit/ (Stand: 05.05.2020).

• Rhetorik Netz, Matthias Pöhm (2020): Das Publikum bei Präsentationen einbeziehen, URL: http://www.rhetorik-netz.de/publikum/ (Stand: 05.05.2020).

• Rhetorik Netz, Matthias Pöhm (2020): Redeangst - Nervosität bekämpfen, URL: http://www.rhetorik-netz.de/redeangst-nervositaet-bekaempfen/ (Stand: 05.05.2020).

• Rhetorik Netz, Matthias Pöhm (2020): Rhetorik Netz - Die Welt der

Rhetorik, URL: http://www.rhetorik-netz.de (Stand: 05.05.2020).

• Rhetorik Netz, Matthias Pöhm (2020): Rhetorik Übungen, URL: http://www.rhetorik-netz.de/rhetorik-uebungen (Stand: 05.05.2020).

• Rhetorik Profi, Christian Rangenau: Mimik trainieren, URL: https://www.rhetorik-profi.de/mimik-trainieren/ (Stand: 05.05.2020).

• Rhetorik Profi, Christian Rangenau: Wie kann ich Füllwörter vermeiden?, URL: https://www.rhetorik-profi.de/wie-kann-ich-fuellwoerter-vermeiden/ (Stand: 05.05.2020).

• Rhetorikforum (2010): Rhetorik und Wirtschaft, URL: http://rhetorik-forum.de/portfolio-item/2010-rhetorik-und-wirtschaft/ (Stand: 06.05.2020).

• Salzburger Nachrichten, Sarah Fixl (2019): Erfolgsfaktor Rhetorik - Wie wichtig ist Rhetorik im Job?, URL: https://karriere.sn.at/karriere-ratgeber/neuigkeiten-trends/erfolgsfaktor-rhetorik-wie-wichtig-ist-rhetorik-im-job-66026209 (Stand: 05.05.2020)

• Selbstbewusstsein stärken: 30 Übungen für ein starkes Selbstbewusstsein, URL: https://www.selbstbewusstsein-staerken.net/uebungen/ (Stand: 05.05.2020).

• Selbstbewusstsein stärken: In 4 Schritten zur perfekten Haltung, URL: https://www.selbstbewusstsein-staerken.net/koerperhaltung-verbessern/ (Stand: 06.05.2020).

• Stephan Wießler: Selbstbewusstsein stärken Übungen - 30 starke Übungen, die es in sich haben, URL: https://www.stephanwiessler.de/selbstbewusstsein-staerken-uebungen/ (Stand: 05.05.2020).

• Tao Health (2017): Was ist Pranayama? Wie du mit 6 Atemübungen Körper und Geist harmonisieren kannst, URL: https://www.taohealth.de/yoga/was-ist-pranayama.html (Stand: 08.05.2020).

• Telekolleg (2016): Rhetorik - die Kunst der Rede, URL: https://www.br.de/telekolleg/faecher/deutsch/sprachkompetenz/01-rhetorik102.html (Stand: 04.05.2020).

• Soft-Skills, Andre Moritz: Rhetorische Kompetenz als Soft Skill im Soft Skills Würfel, URL: https://www.soft-skills.com/rhetorische-kompetenz/

(Stand: 06.05.2020).

• Überzeugungsarbeit, Leif Neugebohrn (2016): Rhetorik: 5 wirkungsvolle Formeln für deine Reden, URL: https://www.ueberzeugungsarbeit.de/blog/5-rhetorik-formeln/ (Stand: 04.05.2020).

• Überzeugungsarbeit, Leif Neugebohrn (2016): Rhetorik: Mit diesen 5 Tipps hältst du bessere Reden!, URL: https://www.ueberzeugungsarbeit.de/blog/rhetorik-5-tipps/ (Stand: 04.05.2020).

• Überzeugungsarbeit, Leif Neugebohrn: Rhetorik, URL: https://www.ueberzeugungsarbeit.de/thema/rhetorik/#Argumentieren_So_ueberzeugst_Du_Menschen (Stand: 04.05.2020).

• Wirkung. Immer. Überall., Monika Matschnig (2017): 15 Tipps gegen Lampenfieber, URL: https://www.matschnig.com/15-tipps-gegen-lampenfieber/ (Stand: 05.05.2020).

• Women´s Health, Tove Hortmann (2019): So easy kannst du deine Körperhaltung verbessern, URL: https://www.womenshealth.de/health/gesund-leben/tipps-fuer-eine-gesunde-koerperhaltung/ (Stand: 06.05.2020).

• Wortwuchs: Antithese, URL: https://wortwuchs.net/stilmittel/antithese/ (Stand: 05.05.2020).

• Yoga Easy, Psychologin & Yogalehrerin Katharina Großmann (2019): Alles über Pranayama: Atme das Glück, URL: https://www.yogaeasy.de/artikel/pranayama-die-yogischen-atemuebungen (08.05.2020).

• Zeit Online Wissen, Andreas Sentker (2016): Einfach überzeugen, URL: https://praxistipps.focus.de/rhetorik-definition-und-die-3-besten-uebungen_96445 (Stand: 04.05.2020).

• Zeit Online, Silke Weber (2018): Reden lernt man nur durch Reden, URL: https://www.zeit.de/zeit-wissen/2018/05/rhetorik-ausstrahlung-redekunst-tipps (Stand: 05.05.2020).

• Zeitblüten, Burkard Heidenberger: 10 Tipps und Übungen für mehr Schlagfertigkeit, URL: https://www.zeitblueten.com/news/schlagfertigkeit/ (Stand: 05.05.2020).

• Zeitblüten, Burkard Heidenberger: Selbstvertrauen stärken - 10 Übungen, URL: https://www.zeitblueten.com/news/selbstsicherheit-staerken/)Stand: 05.05.2020).

Wir danken Ihnen für Ihr Interesse und Ihr Vertrauen. Als Dankeschön dafür, haben wir eine besondere Überraschung. Sie sind es leid, dass andere Menschen schlagfertiger sind? Sie wollen Schlagfertigkeit erlernen? Wir haben die besten Techniken und Tipps für Sie. Das Beste: Sie erhalten diese vollkommen kostenlos. Das klingt wunderbar? Dann warten Sie nicht lange und holen Sie sich Ihr Gratis-Geschenk.

Hier geht es zu Ihrem Gratis-Geschenk:

https://forms.gle/8c4yYpEh3u73isN8A

1. **Öffnen Sie die Kamera-App auf Ihrem Smartphone und richten Sie die Kamera auf den QR-Code.**
2. **Klicken Sie auf den Link, der Ihnen angezeigt wird und schon werden Sie zur Website weitergeleitet.**

Impressum

Herausgeber: Orbita Media Verlag GmbH & Co. KG / Ericusspitze 4 / 20457 Hamburg
Kontakt: kontakt@empireofbooks.de
Website: https://empireofbooks.de
Coverbild: Shutterstock

Haftungsausschluss:
Die Nutzung dieses Buches und die Umsetzung der enthaltenen Informationen, Anleitungen und Strategien erfolgt auf eigenes Risiko. Der Autor kann für etwaige Schäden jeglicher Art aus keinem Rechtsgrund eine Haftung übernehmen. Haftungsansprüche gegen den Autor für Schäden materieller oder ideeller Art, die durch die Nutzung oder Nichtnutzung der Informationen bzw. durch die Nutzung fehlerhafter und/oder unvollständiger Informationen verursacht wurden, sind grundsätzlich ausgeschlossen. Rechts- und Schadenersatzansprüche sind daher ausgeschlossen. Dieses Werk wurde sorgfältig erarbeitet und niedergeschrieben. Der Autor übernimmt jedoch keinerlei Gewähr für die Aktualität, Vollständigkeit und Qualität der Informationen. Druckfehler und Falschinformationen können nicht vollständig ausgeschlossen werden. Es kann keine juristische Verantwortung sowie Haftung in irgendeiner Form für fehlerhafte Angaben vom Autor übernommen werden. Die bereitgestellten Analysen, Vorschläge, Ideen, Meinungen, Kommentare und Texte sind ausschließlich zur Information bestimmt und können ein individuelles Beratungsgespräch nicht ersetzen. Alle Informationen dieses Buches entsprechen dem Kenntnisstand zum Zeitpunkt des Verfassens dieses Buches. Eine Haftung für mittelbare und unmittelbare Folgen aus den Informationen dieses Buches ist somit ausgeschlossen.
Informieren Sie sich weitläufig aus unterschiedlichen Quellen und bedenken Sie, dass am Ende nur Sie für die Entscheidungen verantwortlich sind.

Haftung für externe Links:
Unser Angebot enthält Links zu externen Websites Dritter, auf deren Inhalte wir keinen Einfluss haben. Deshalb können wir für diese fremden Inhalte auch keine Gewähr übernehmen. Für die Inhalte der verlinkten Seiten ist stets der jeweilige Anbieter oder Betreiber der Seiten verantwortlich. Die verlinkten Seiten wurden zum Zeitpunkt der Verlinkung auf mögliche Rechtsverstöße überprüft. Rechtswidrige Inhalte waren zum Zeit-punkt der Verlinkung nicht erkennbar.